Scheibler · 1000 betriebswirtschaftliche Fragen und ihre Beantwortung

W0066637

1000 betriebswirtschaftliche Fragen und ihre Beantwortung

Ein Wissens- und Denkprogramm

von Dipl.-Kfm., Dipl.-Volksw. und Dipl.-Hdl.

Dr. Albert Scheibler

7., neu konzipierte Auflage

Schilling Verlag für Informationstechnik GmbH · Herne

Schilling Verlag für Informationstechnik GmbH, Herne
7. Auflage 1972 — ISBN 3 467 850278
Alle Rechte, auch die Herstellung von Mikrokopien sowie der Auswertung durch
Datenbanken oder ähnliche Einrichtungen, beim Schilling Verlag GmbH, Herne
© 1972 by Schilling-Verlag
Herstellung: wico grafik GmbH & Co KG, 5205 St. Augustin/Bonn

Vorwort

Die Betriebswirtschaftslehre ist in der Vergangenheit insbesondere durch drei Merkmale gekennzeichnet gewesen:

1) Das Rechnungswesen war breit und tief behandelter Mittelpunkt der Allgemeinen Betriebswirtschaftslehre. Es wurde gebucht, bewertet, kalkuliert und analysiert.

2) Die Betriebswirtschaftslehre war eine empirisch beobachtende Wissenschaft. Das Seiende stand im Vordergrund.

3) Die Betriebswirtschaftslehre wurde in den Lehrbüchern und Unterrichtsveranstaltungen beschreibend, d. h. deskriptiv-dozierend vorgetragen. Sie wurde gelehrt.

In den letzten Jahren hat sich in jeder dieser historischen Charakteristika ein Wandel vollzogen:

a) Das Rechnungswesen wurde immermehr zurückgedrängt. Die materiellen Betriebsprozesse (Beschaffung, Produktion, Absatz, Finanzierung) und schließlich auch die formellen Betriebsprozesse (Entscheidung/Planung, Realisation/Organisation, Kontrolle/Revision) wurden immer stärker zum Forschungs- und Lehrobjekt. Heute gibt es bereits Stimmen, die das Rechnungswesen als wesentliches Informationsobjekt aus der Allgemeinen Betriebswirtschaftslehre ausschließen und zu einem speziellen, aber dennoch wichtigen Forschungsbereich machen. Diesen Stimmen schließen wir uns an. In den nachstehenden 1000 Fragen sind deshalb keine Fragen des Rechnungswesens enthalten. Die Fragenbereiche beziehen sich auf die genannten materiellen und formellen Betriebsprozesse. Nur so kann der Modernität der Forschung genügend Raum gewidmet werden.

b) Die Betriebswirtschaftslehre ist in immer größerem Maße zu einer Wissenschaft der Denkmodelle, der Ursachen-Wirkungs-Forschung und der Postulate geworden. Sie hat sich zu einer System- und Entscheidungstheorie entwickelt. Diesem wissenschaftlichen Trend schließen wir uns hier an. Die Fragen sind deshalb zum großen Teil auf die Zusammenhänge betriebswirtschaftlicher Ereignisse (=System) und auf die unternehmerischen Aktionen (=Entscheidungen) abgestellt.

c) An die Stelle des Lehrens tritt immer mehr das Lernen. Lernen besteht aus verstehendem Wissen und kombinierendem Denken. Auch dieser Entwicklung folgen die 1000 betriebswirtschaftlichen Fragen. Die ersten

300 Fragen sind Wissensfragen und Antworten über die formellen Betriebsprozesse. Sie werden in der Form eines systemgebundenen Wissensprogramms als Lernstoff geboten. Die weiteren 700 Fragen sind Denkfragen aus dem Gebiet der materiellen Betriebsprozesse. Sie werden als entscheidungsorientiertes Denkprogramm vorgeführt und verlangen Mitdenken und Mitentscheidungen. Die Antworten und Lösungen dazu finden sich in einem gesonderten letzten Teil dieses Buches.

Köln 1972
Der Verfasser

Inhaltsverzeichnis

1. Teil: Die formellen Betriebsprozesse als Wissensprogramm

I. Die Entscheidung mit Planung

A. Die Entscheidungsvorbereitung

1. Zielentscheidungen

1. Was verstehen Sie unter einem formellen Betriebsprozeß?
   Der formelle Betriebsprozeß gibt Auskunft darüber, in welcher äußeren Reihenfolgeform das Unternehmungs- bzw. Betriebsgeschehen
   abläuft.

2. Aus welchen selbständigen Teilbereichen besteht der formelle Betriebsprozeß?
   (1) Aus der Entscheidung mit Planung.
   (2) Aus der Realisation mit Organisation.
   (3) Aus der Kontrolle mit Revision.

3. Durch welche betriebliche Grundeinrichtung wird die Realisation betrieben?
   Durch die Aufbau- und Ablauforganisation.

4. Was ist eine Unternehmung?
   Eine wirtschaftliche, juristische, finanzielle und organisatorische
   Institution. Ein Gebilde, das zielorientierte Erfolge sucht.

5. Was ist ein Betrieb?
   Eine wirtschaftliche und technische Kombination der Leistungsfaktoren, der Ort der technischen Leistungserstellung.

6. An welche Faktoren denken Sie, wenn von Leistungserstellung die Rede ist?
   An die elementaren Leistungsfaktoren: *Arbeit* (1) als körperliche
   und geistige Arbeit, in jedem Falle aber als ausführende Arbeit,
   Werkstoffe (2), wie Roh-, Hilfs- und Betriebsstoffe, aber auch Energien, und *Betriebsmittel* (3), wie Gebäude, Maschinen, Werkzeuge,
   Geschäfts- und Betriebsausstattung.

---

1 Vgl. Erich Gutenberg, Grundlagen der Betriebswirtschaftslehre, Band 1, Die Produktion, Berlin-Göttingen-Heidelberg, diverse Auflagen

7. Erläutern Sie den Satz: Leistungsfaktoren werden kombiniert und Betriebsfunktionen werden koordiniert!

Die unter 6. genannten Leistungsfaktoren werden technisch, physisch, natural zu einer geplanten Leistungs- bzw. Produktionstype (z. B. ein Paar Schuhe) kombinativ zusammengefügt.

Die Betriebsfunktionen, wie Beschaffung (1), Produktion (2), Absatz (3) und Finanzierung (4) werden koordinativ aufeinander abgestimmt.

8. Wonach wird sowohl die Koordination der Betriebsfunktionen als auch die Kombination der Leistungsfaktoren ausgerichtet?

Auf das von der Unternehmung gesetzte Ziel bzw. Zielsystem.

9. Unterscheiden Sie Ziel und Zielsystem einer Unternehmung?

Beim Ziel handelt es sich nur um eine singulare Erscheinung. Das Ziel wird als einziges oberstes Leitbild gesetzt. Alle Handlungen und Prozesse werden dem untergeordnet. Beim Zielsystem handelt es sich um ein geordnetes Bündel von Zielen, die aufeinander eingestellt sind. Das eine wird nicht ohne eine Berücksichtigung des anderen verfolgt.

10. Nennen Sie quantitative Unternehmungsziele!

Quantitative Unternehmungsziele sind solche, die man durch eindeutige Maßzahlen bestimmen und messen kann. Im wesentlichen sind dies: Gewinnmaximierung, Rentabilitätsmaximierung, Umsatzmaximierung, Kostendeckung und limitierte (begrenzte) Gewinnerzielung.

11. Kennen Sie qualitative Unternehmungsziele?

Qualitative Unternehmungsziele sind solche, die man nicht eindeutig oder überhaupt nicht messen kann. Besonders praxisnah sind: Machtausübung, Marktbeherrschung, Prestigebefriedigung, soziale Sicherheit und Arbeitsplatzsicherung.

12. Vergleichen Sie Leitziele mit Begleitzielen!

Die Leitziele werden alternativ der gesamten Unternehmungstätigkeit vorgegeben. Sie sind die Richtschnur der Unternehmungsaktionen. Begleitziele sind den Leitzielen beigegeben. Ohne die Beachtung von wesentlichen Begleitzielen ist in der Regel die Erfüllung rationaler (quantitativer) Leitziele langfristig betrachtet nicht möglich.

13. Nennen Sie ökonimisch beachtenswerte Begleitziele!

Die Wirtschaftlichkeit, die Produktivität, die Liquidität und die Kapital- bzw. Substanzerhaltung.

14. Kennen Sie verschiedene Auslegungen der Wirtschaftlichkeit?
    a) Wirtschaftlichkeit ist das vernünftige Verhältnis von Ertrag und Aufwand.
    b) Wirtschaftlichkeit ist die Deckungsgleichheit von vorgegebenen Sollkosten und entstandenen Istkosten.
    c) Wirtschaftlichkeit ist das erreichte Betriebsoptimum (Ausbringungsmenge, bei der die Durchschnittskosten ihren tiefsten Punkt erreicht haben).

15. Erläutern Sie das Minimumprinzip und das Maximumprinzip des sog. Wirtschaftlichkeits- bzw. Rationalprinzips!
    Nach dem Minimumprinzip soll ein bestimmter geplanter Ertrag mit dem geringsten Aufwand erreicht werden. Nach dem Maximumprinzip sollen die Aufwandsmittel so eingesetzt werden, daß dabei der höchste Ertrag zustande kommt.

16. Was verstehen Sie unter Produktivität?
    Bei der Betrachtung der Wirtschaftlichkeit werden Aufwand und Ertrag in Geldeinheiten ausgedrückt. Die Wirtschaftlichkeit ist also ein geldwirtschaftlicher Begriff. Die Produktivität dagegen ist ein Mengenbegriff. Produktivität ist die sachliche Ergiebigkeit der Produktion. Es geht also um ein günstiges Verhältnis zwischen dem Einsatz an Produktions- bzw. Leistungsfaktorenmengen und dem Ausstoß an Fertiggütermengen.

17. Kennen Sie andere Ausdrücke für Produktivität?
    Technische Wirtschaftlichkeit, Technizität, sachliche bzw. mengenmäßige Ergiebigkeit.

18. Können Sie sich Gründe dafür vorstellen, warum sich ein Unternehmen nach dem Ziel der Kostendeckung orientiert?
    a) Gesellschaftliche Gründe. Man denke an die Betriebe der sozialistischen Verwaltungswirtschaften.
    b) Soziale Gründe. Erwähnenswert sind die Genossenschaftsunternehmen und die Betriebe der Öffentlichen Hand in sozialliberalen Wirtschaftssystemen.
    c) Risiko- und Wettbewerbsgründe. In kapitalistischen Gesellschafts- und marktwirtschaftlichen Grundordnungen wird die Kostendeckung als normale Preisuntergrenze angesehen.

19. Was versteht man unter Gewinnmaximierung?
    Die Unternehmung verfolgt das Ziel, auf die Dauer und im Durchschnitt pro Zeitraum (Jahr) den absolut höchsten Gewinn zu erreichen.

20. Unterscheiden Sie Unternehmungs- und Betriebsgewinn!

Der Unternehmungsgewinn bezieht sich auf das gesamte wirtschafts-
rechtliche Gebilde und ist der Überschuß der Erträge über die Aufwendungen, wie sie in der Gewinn- und Verlustrechnung des Rechnungswesens aufgezeichnet werden.

Der Betriebsgewinn bezieht sich lediglich auf das wirtschaftstech-
nische Vorgehen und ist der Überschuß der betrieblichen (Erzeu-
gungs- und Verkaufs-) Erträge über die Kosten.

21. Erklären Sie die Umsatzrentabilität!

Die Umsatzrentabilität wird dadurch berechnet, daß der Betriebsgewinn in Prozent des Umsatzes ausgedrückt wird.

22. Erläutern Sie das Ziel der Rentabilitätsmaximierung!

Wenn von Rentabilitätsmaximierung die Rede ist, denkt man im
Zweifel an die sog. Kapitalrentabilität. Dabei wird der Gewinn in
Prozenten zum eingesetzten Kapital ausgedrückt.

Während die Gewinnmaximierung auf eine absolute Gewinngröße
aus ist und auch wohl nur als immerwiederkehrendes kurzfristiges
Ziel anzusprechen ist, handelt es sich bei der Rentabilitätsmaximierung um eine relative Größe, deren Zielsetzung langfristig zu verstehen ist.

23. Welches Kapital gehört bei einer Rentabilitätsberechnung zum Unternehmungsgewinn?

Das Eigenkapital der Unternehmung. Man findet es in der Bilanz.
Deswegen nennt man es auch bilanzielles Eigenkapital.

24. Welches Kapital gehört bei einer Rentabilitätsberechnung zum Betriebsgewinn?

Das Kapital, welches notwendigerweise für die betriebliche Leistungserstellung eingesetzt ist, gleichgültig wem es gehört. Man nennt
dieses Kapital „betriebsnotwendiges Kapital"[2].

25. Was verstehen Sie unter Umsatz?

a) Umsatz ist der in Mengen ausgedrückte Verkauf.

b) Umsatz ist der in Geldwerten ausgedrückte Verkauf.

26. Was ist Erlös?

Ein anderes Wort für den wertmäßig gemessenen Umsatz.

---

2 Vgl. z. B. Albert Schnettler, Der Betriebsvergleich, Stuttgart 1951, S. 159

27. Wann fallen wertmäßiges und mengenmäßiges Umsatzmaximum zusammen?

Wenn der Stückpreis (-erlös) bei steigender Verkaufsmenge konstant bleibt. Es liegt eine unendliche Preisabsatzfunktion vor.

28. Was geschieht mit dem Gesamterlös (wertmäßiger Umsatz), wenn der Stückpreis bei steigender Verkaufs- bzw. Absatzmenge fällt?

Es liegt eine endliche Preisabsatzfunktion vor. Der Gesamterlös nimmt erst absolut zu, dann absolut ab. Der Erlösverlauf ist parabelförmig. Das mengenmäßige Umsatzmaximum ist größer als das wertmäßige; denn das wertmäßige liegt im Höhepunkt der genannten Parabel.

29. Je nachdem, wie sich der Stückpreis verhält, können mengen- und wertmäßiges Umsatzmaximum nicht gleichzeitig verfolgt werden. Wie nennt man Ziele, die einander widersprechen?

Polare Ziele.[3]

30. Nennen Sie andere Leitziele, die nicht gleichzeitig verfolgt werden können, weil sie sich widersprechen. Es handelt sich also um Beispiele für rational unmögliche polare Zielsysteme.

Kostendeckung und Gewinnmaximierung (1).

Kostendeckung und Rentabilitätsmaximierung (2).

Maximierung der Kapitalrentabilität und Maximierung der Umsatzrentabilität (3).

31. Was stellen sie sich unter einem singularen Zielsystem vor?

Es gibt nur ein oberstes Leitziel (z. B. Gewinnmaximierung). Dazu werden unterstützende Begleitziele gegeben, vor allem die Wirtschaftlichkeit, Liquidität und Kapitalerhaltung. Alle Sub- und Teilziele werden passend auf das Leitziel und die Begleitziele eingestellt. Parallelität von Leitzielen einerseits und Polarität von Leit- und Begleitzielen werden vermieden.

32. Haben Sie eine Vorstellung davon, wie ein präferenzielles Zielsystem aussieht?

Es handelt sich um Ziele, die die Unternehmensführung gerne gleichzeitig erfüllen möchte, die sich aber teilweise widersprechen. Sobald im Einzelfalle Zielkonflikte auftreten, muß darüber entschieden

---

3 Vgl. Albert Scheibler, Theorie und Praxis der Unternehmensführung, Band 1, Ziel- und Informationssysteme, Köln 1972, S. 94

werden, in welcher Rangordnung (Präferenz) die betreffenden Ziele verfolgt werden sollen.

Diese Rangordnungen können mit der Konjunktur- oder Marktlage wechseln. Das Rangordnungsschema ist also nicht starr.

33. Nennen Sie einen konjunkturellen Umstand einer präferenziellen Zielordnung!

In der Depression: Kostendeckung. In der Hochkonjunktur: Gewinnmaximierung.

2. Informationsprozesse

34. Was ist die wichtigste Voraussetzung einer sinnvollen Entscheidung?

Vollständige und genaue Informationen.

35. Gibt es auch Entscheidungen ohne Informationen?

Ja. Entscheidungen durch Intuition und mit unternehmerischem Wagemut.

36. Worauf müssen sich Informationen grundsätzlich beziehen?

Auf die Ausgangsdaten (Basisinformationen) und auf die möglichen Ergebnisse der Entscheidungshandlungen (Erwartungsinformationen).

37. Ist das Verlangen, Informationen sollen zielorientiert und zweckgebunden sein, dasselbe?

Nein. Das Verlangen, die Informationen sollen zielorientiert sein, bezieht sich darauf, daß die Erfassung und Auslese der Informationen, dem Ziel bzw. Zielsystem der Gesamtunternehmung entsprechen sollen. Daß Informationen auch zweckgebunden sein sollen, verlangt danach, daß sie sich der einzelnen Erfüllungsaufgabe, die immer der realisierende Teil der Gesamtzielverfolgung ist, anpassen.

38. Warum widersprechen sich die Forderungen, Informationen sollen kostengünstig sein und schnell zur Verfügung stehen?

Schnelle Informationen sind meist kostenteurer als langsame und umgekehrt.

39. Ziehen Sie schnelle oder kostengünstige Informationen vor?

Das hängt von der Bedeutung der Information ab, die man nur an ihrem wahrscheinlichen Handlungs- bzw. Ergebniserfolg ablesen kann. Je wichtiger und erfolgreicher die Information, um so eher kann (vielleicht sogar muß) man sich eine schnelle/kostenteuere Information leisten.

40. Wann liegt ein Informationserfolg vor?
Wenn der Informationsnutzen größer ist als die Informationskosten.

41. Unterscheiden Sie Eigen- und Fremdinformationen!
Fremdinformationen erhält man durch außerbetriebliche Institutionen, z. B. durch Statistische Ämter mit ihren Statistischen Jahr-
büchern oder durch Wirtschaftsverbände mit ihren Firmen- und
Marktberichten.
Eigeninformationen sucht man selber. Das geschieht sowohl in Be-
reichen außerhalb der Unternehmung (durch Marktforschung z. B.)
als auch im Bereiche der eigenen Unternehmung (z. B. durch Registraturen, Betriebsstatistiken, Rechnungswesen).

42. Unter welcher Perspektive sieht man die Informationen, wenn man sie
als Beobachtung, Analyse und Prognose bezeichnet (wie z. B. bei
Marktbeobachtung, Marktanalyse, Marktprognose)?
Unter zeitlicher Perspektive. Beobachtungen sind vergangenheits-
bezogene Informationen, Analysen sind gegenwartsbezogene Informationen und Prognosen sind zukunftsbezogene Informationen.

43. Wenn Sie an die formellen Betriebsprozesse denken (vgl. Fragen 1 und
2), welche Typen von Informationen können Sie dann erkennen und
ordnen?
Entscheidungs-, Planungs-, Realisations- und Kontrollinformationen.

44. Nennen Sie die wesentlichsten Entscheidungsinformationen!
Die Ziel-, die Gründungs-, die Investitions- und die Marktinforma-
tionen.

45. Was sind materielle Betriebsprozesse?
Das sind die sachlichen Ereignisse des betrieblichen Geschehens.

46. Welche wesentlichen materiellen Betriebsprozesse kennen Sie?
Beschaffung, Produktion, Absatz und Finanzierung.

47. Welche Informationstypen gibt es, wenn man die Informationen nach
den materiellen Betriebsprozessen ordnet?
Beschaffungs-, Produktions-, Absatz- und Finanzierungsinforma-
tionen.

48. Unterscheiden Sie vollkommene und vollständige Informationen!
Sind alle wesentlichen Informationsperspektiven über *ein* bestimmtes Informationsobjekt berücksichtigt (z. B. die zeitliche, die prozessuale, die organisatorische Perspektive eines Vertriebsvorganges),
so ist die Information vollkommen.

Sind für eine Entscheidung Informationen über mehrere Informationsobjekte notwendig (z. B. zur Bestimmung der Absatzmenge die Beschaffungs-, Investitions- und Kapazitätsinformationen), dann ist die Information erst dann vollständig, wenn sie über alle benötigten Objekte vorliegt.

49. Ist eine Informationskombination dasselbe wie eine Informationsintegration?

Nein. Informationen, die sich auf dasselbe Ziel, aber auf verschiedene Objekte beziehen, stellen eine Informationsintegration dar, weil sie sich in das Ziel integrieren. Die Informationen über dasselbe Objekt aus verschiedener Perspektive ergeben eine Informationskombination, weil sich die Informationen objektbezogen addieren.

50. Können Sie sich vorstellen, warum erzielbare Informationen ignoriert werden?

a) Wenn man über die Bedeutung der Information nicht unterrichtet ist.

b) Wenn man glaubt, die Information sei nicht erzielbar.

c) Wenn man meint, die eigene Intuition bzw. der eigene Wagemut seien besser als erzielbare Informationen.

d) wenn sie zu teuer sind.

51. Was sind Informationsbündel?

Es handelt sich um die Zusammenfügung von bestimmten Informationskombinationen und Informationsintegrationen. Die bekanntesten Informationsbündel sind die Marktforschung, der Betriebsvergleich, die Bilanzanalyse, die Investitionsrechnung und die (Plan-) Kostenrechnung.

52. Aus welchen Stufen besteht ein Informationsprozeß?

a) Aus der Erfassung der Informationen (input).

b) Aus der Verarbeitung der Informationen (production).

c) Aus der Aussage, d. h. dem Ergebnis der Information und seiner Weitergabe (output).

53. Welches sind die wesentlichen Verarbeitungsleistungen von Informationen?

Sammeln, Ordnen, Speichern, Auswerten.

54. Welche Vor- und Nachteile sind mit der Übernahme fremder Informationen verbunden?

a) Sie sind kostengünstig und relativ schnell zur Hand. Sie müssen nicht erst erarbeitet werden.

b) Sie sind nicht eindeutig auf die Unternehmung zielorientiert und nicht auf die einzelne Aufgabe zweckbezogen.

55. Nennen Sie Methoden, mit deren Hilfe fremde Informationen auf die eigene Unternehmung übertragen bzw. umgeformt werden können.
   Abwandlungen, Erweiterungen, Kürzungen und Vertiefungen.

56. Welche Methoden zur selbständigen *Erfassung* von Informationsmaterial kennen Sie?
   Befragung, Beobachtung, Beschreibung.

57. Erklären Sie die Befragung, Beobachtung und Beschreibung.
   a) Eine Befragung erfolgt an Personen. Die Fragen sind gezielt gestellt.
   b) Eine Beobachtung kann bei Personen, Gegenständen und Prozessen erfolgen. Man schaut zu. Man geht zielorientiert, aber unbefangen an das Beobachtungsobjekt heran.
   c) Eine Beschreibung ist eine schrittweise Zusammensetzung eines Verlangens oder Vorganges zu einem Komplex. Man nimmt sie von Anfang an für andere vor.

58. Nennen Sie Stellen, in denen Informationen gesammelt werden!
   a) Das menschliche Gehirn,
   b) die Registraturen,
   c) die Belegsammlung,
   d) die Berichtsammlung,
   e) die Zeitschriftensammlung,
   f) die Bibliothek,
   g) Film- und Tonaufzeichnungen
   sind sog. Sammelstellen.

59. Welche zwei Grundtypen einer Auswertung von Informationen gibt es?
   a) Die statistisch-mathematische Auswertung bei quantitativen Informationsmerkmalen.
   b) Die interpretierende Auswertung für nicht zählbare qualitative Informationsmerkmale.

60. Wie bereitet man eine statistische Auswertung vor?
   Durch Merkmalsaussonderung und Gruppenbildungen.

61. Führen Sie wichtige statistische Auswertungsverfahren namentlich vor?
   Mittelwertbildung, Streuungsmaßberechnungen, Indexbildung, Trend-, Regressions- und Korrelationsberechnung, Wahrscheinlichkeits-, Verteilungs- und Stichprobenverfahren[4].

---

4 Vgl. Albert Scheibler, Wirtschaftsstatistik in Theorie und Praxis, 2. Auflage, Herne 1973

62. In welcher Weise erfolgen Interpretationen?
    Durch Erklärung, Erläuterung und/oder Begutachtung.
63. Nennen Sie Beispiele für nicht meßbare Informationen, die nur durch Interpretation ausgewertet werden können!
    Mentalitäten, Einstellungen, Anschauungen, Vorstellungen, komplexe Erscheinungen (wie Standortbildung, Gründungsprozeß).
64. Unterscheiden Sie Erklärung und Erläuterung!
    Die Erklärung ist wertneutral. Sie gibt Einsicht in das Informationsmaterial.
    Die Erläuterung informiert über Zusammenhänge und ist nicht frei von Wertungen.
65. Wie geschieht die begutachtende Form der Interpretation?
    Durch die Begutachtung werden Urteile abgegeben und meist auch Ratschläge erteilt.
66. Wie gibt man geordnetes Interpretationsmaterial wieder und weiter?
    Durch Sprechen und Schreiben, wozu es etliche technische Einrichtungen gibt (Tonband, Telefon, Telegraf, Brief, Broschüre usw.).
67. Welche Möglichkeiten sehen Sie, geordnete und statistisch ausgewertete Informationen wieder- und weiterzugeben?
    Die Möglichkeit der Tabellen, Bilddiagramme und Beziehungsdiagramme.
68. Vergleichen Sie zentrale mit dezentrale Organisation der betrieblichen Information.
    Erfassung, Verarbeitung und Auswertung erfolgt bei zentraler Informationsorganisation durch eine einzige Informationsstelle. Die Dezentralisation kann entweder so geschehen, daß für bestimmte Informationsbereiche je eine Stelle für die Erfassung, Verarbeitung und Auswertung besteht oder, daß es je *eine* Erfassungs-, eine Verarbeitungs- und eine Auswertungsstelle in der Unternehmung gibt.
69. Welcher Vorteil ist mit einer zentralen Informationsorganisation verbunden?
    Planungs-, Realisations- und Kontrollinformationen lassen sich leichter zusammenstellen. Die Informationen können zielorientierter und zweckdienlicher erfaßt und ausgewertet werden.
70. Sehen Sie einen Nachteil des zentralen Informationswesens in einer Unternehmung?
    Die Unmittelbarkeit zu den Informationsempfängern geht sachlich und personell verloren.

B. Gründungsentscheidungen

3. Rechtsformen

71. Was ist eine Rechtsform?
    Die rechtliche Konstruktion, das Rechtskleid einer Unternehmung.
    Man nennt die Rechtsform auch Unternehmungsform.

72. Worüber entscheidet die Rechtsform im wesentlichen?
    a) Über die Zahl der Gründer.
    b) Über die Höhe des Gründungskapitals.
    c) Über den Umfang der Haftung der Gründer bzw. Gesellschafter.
    d) Über die Namensbezeichnung (Firmierung).
    e) Über die Anzahl, Rechte und Pflichten der Unternehmungsorgane (wie Vorstand, Aufsichtsrat u. ä.).

73. Vergleichen Sie Personen- mit Kapitalgesellschaften!
    Personengesellschaften sind die Zusammenfügung natürlicher Personen. Mindestens ein Teil der Gesellschafter haftet mit seinem gesamten Geschäfts- und Privatvermögen. Der persönliche Einsatz steht im Vordergrund.
    Kapitalgesellschaften sind juristische Personen. Alle Gesellschafter haften nur mit ihrer Einlage. Der Kapitaleinsatz steht im Vordergrund.

74. Welches sind die beiden bedeutsamen kaufmännischen Personengesellschaften?
    Die Offene Handelsgesellschaft (oHG) und die Kommanditgesellschaft (KG).

75. Ist die Höhe des Gründungskapitals für Personengesellschaften vorgeschrieben?
    Nein. Die Kapitaleinsatzhöhe kann beliebig hoch sein.

76. Vergleichen Sie die Haftungsverhältnisse zwischen einer oHG und KG!
    Bei der oHG haften alle Gesellschafter mit ihrem gesamten Vermögen. Bei der KG haften nur die Komplementäre (Vollhafter) mit ihrem gesamten Vermögen. Die Kommanditisten (Teilhafter) haften mit der eingetragenen Haftsumme (Einlage).

77. Was heißt, die oHG-Gesellschafter, aber auch die Komplementäre einer KG haften unbeschränkt, solidarisch und direkt?
    Unbeschränkt heißt, daß sie mit dem Geschäfts und Privatvermögen haften. Direkt heißt, daß sich die Gläubiger direkt an einen

einzelnen Gesellschafter wenden können, um ihre Forderungen einzutreiben. Sie müssen sich nicht an die Gesellschaft wenden. Solidarisch heißt, daß der eine Gesellschafter für die anderen und die anderen für den einen haften.

78. Kann man einer oHG durch Firmierung ansehen, daß sie eine oHG ist?
Eine oHG muß mit mindestens einem Gesellschafternamen und einem das Gesellschaftsverhältnis andeutenden Zusatz firmieren. Der Zusatz kann zwar oHG heißen. Möglich sind aber auch Zusätze, wie & Co., & Cie., Gebrüder, Geschwister. In den letzten Fällen kann man nicht erkennen, ob es sich um eine oHG handelt; denn die Zusätze sind auch für eine KG möglich.

79. Kann in der Firmenbezeichnung einer KG der Name eines Kommanditisten erscheinen?
Nein. Der Name der KG muß mindestens den Namen eines Vollhafters enthalten und einen Zusatz aufweisen. Namen von Kommanditisten dürfen nicht erscheinen.

80. Wieviele Gründer müssen bei einer KG und einer oHG mindestens eintreten?
Zwei.

81. Kennen Sie Unternehmungsformen, wo die Zahl der Gründer größer ist als zwei?
a) Bei einer Aktiengesellschaft mindestens 5 Gründer.
b) Bei einer Genossenschaft mindestens 7 Gründer.

82. Wie hoch ist die Gründerzahl einer Gesellschaft mit beschränkter Haftung (G. m. b. H)?
Zwei.

83. Nennen Sie die bedeutendsten Kapitalgesellschaftsformen?
Aktiengesellschaft, Gesellschaft mit beschränkter Haftung, Bergrechtliche Gewerkschaft, Bohrgesellschaft. Aus der geschichtlichen Vergangenheit sind noch die Reederei und die Kolonialgesellschaft zu erwähnen.

84. Gibt es auch Unternehmungsformen, die zwar juristische Personen sind, aber keine Kapitalgesellschaften?
Ja. Die Erwerbs- und Wirtschaftsgenossenschaft und der Versicherungsverein auf Gegenseitigkeit.

85. Bei welchen Unternehmungsformen ist die Höhe des Gründungskapitals vorgeschrieben?

Bei der GmbH: 20.000,– DM Stammkapital.
Bei der Akt. Ges.: 100.000,– DM Grundkapital.

86. Wie hoch sind Mindesteinlagen der Gesellschafter einer GmbH und einer AG?
    500,– DM Stammeinlage bei einer GmbH.
    50,– DM Kleinstaktie bei einer AG.

87. Wer führt die Geschäfte bei einer oHG vergleichsweise zu einer KG?
    Bei einer oHG sind alle Gesellschafter, und zwar jeder einzeln, zur Geschäftsführung berechtigt. Den Kommanditisten ist die Geschäftsführung gesetzlich untersagt, so daß bei der KG nur die Komplementäre zur Geschäftsführung berechtigt sind.

88. Gilt das unter 87. Gesagte auch für die Vertretungsmacht?
    Ja.

89. Kennen Sie den Unterschied zwischen Vertretungsmacht und Geschäftsführung?
    Vertretungsmacht ist Rechtsvertretung nach außen gerichtet. Geschäftsführung ist Befugnisgewalt nach innen.
    In der Betriebswirtschaftslehre wird aber die Geschäftsführung sehr oft als nach innen und außen gerichtet aufgefaßt.

90. Welche Organe gibt es nach dem GmbH-Gesetz bei einer GmbH?
    Die Gesellschafterversammlung und die Geschäftsführer.

91. Wer kann Geschäftsführer einer GmbH werden?
    Ein Gesellschafter oder eine fremde dritte gewählte Person.

92. Von wem werden die Geschäftsführer einer GmbH und die Vorstände einer AG gewählt?
    Von der Gesellschafter – bzw. Hauptversammlung.

93. Kann es bei der GmbH nach einem anderen Gesetz noch ein weiteres Bestimmungsorgan geben.
    Nach dem Betriebsverfassungsgesetz (ab 500 Belegschaftsmitglieder) und nach dem Mitbestimmungsgesetz (gültig für die Unternehmungen der Montanindustrie) muß es einen Aufsichtsrat geben.

94. Welche Organe gibt es für eine AG nach dem Aktiengesetz?
    Vorstand, Hauptversammlung und Aufsichtsrat.

95. Wer wählt die Mitglieder des Aufsichtsrates?
    Nach dem Aktiengesetz: die Hauptversammlung. Nach dem Betriebsverfassungsgesetz wird ein Drittel der Aufsichtsratmitglieder,

nach dem Mitbestimmungsgesetz die Hälfte der Aufsichtsratmitglieder von der Belegschaft gewählt.

96. Kann man einer GmbH und einer AG ansehen, ob sie diese Unternehmungsform haben? Wie sieht die Firmierung aus?

Die GmbH und die AG müssen den für sie zutreffenden Zusatz führen. Man kann ihrer Firmierung die Rechtsform ansehen.

97. Unterscheiden Sie Sach- und Personenfirma bzw. Sach- und Personenbezeichnung.

Bei der Personenbezeichnung erscheint in der Firma ein Personenname (Müller). Die Sachbezeichnung ist konkret (Eisenhütte) oder abstrakt (Externa).

98. Was wissen Sie über die Personen- und Sachbezeichnung einer GmbH und AG?

Eine GmbH hat die freie Wahl einer Personen- oder Sachbezeichnung (Müller GmbH oder Externa GmbH oder Eisenhütte GmbH). Eine Aktiengesellschaft muß bei Neugründungen ab 1937 die Sachbezeichnung wählen. Namen aus der Zeit davor oder Namen infolge Umgründungen dürfen mit dem Zusatz AG bestehen bleiben.

99. Welche zwei Rechtstypen von Erwerbs- und Wirtschaftsgenossenschaften kennen Sie?

Die Genossenschaft mit beschränkter Haftpflicht (eGmbH) und die Genossenschaft mit unbeschränkter Haftpflicht (eGmbH).

100. Wie muß eine Einzelunternehmung firmieren?

Mit dem Familiennamen und mindestens einem ausgeschriebenen Vornamen des Gründers.

101. Was ist eine GmbH & Co KG?

Das ist eine Kommanditgesellschaft. Der Komplementär ist eine selbständig existierende GmbH. Es ist denkbar, daß die Gesellschafter der GmbH auch gleichzeitig die Kommanditisten der GmbH & Co KG sind.

102. Welches sind die entscheidenden Gründen für die Gründung und Existenz der GmbH & Co KG?

Haftungsgründe (in der GmbH haften die Gesellschafter nur beschränkt, obwohl die GmbH selbst der Komplementär ist, und als Kommanditisten haften die gleichen Gesellschafter ebenso nur beschränkt).

Steuergründe (nach dem alten Umsatzsteuergesetz blieben die Umsätze zwischen der GmbH und der KG umsatzsteuerfrei; nach dem geltenden Einkommensteuer- bzw. Körperschaftsteuergesetz lassen sich trotz erheblicher Einschränken immer noch die Gewinne zu der jenigen von den beiden Unternehmungsformen verschieben- das gleiche gilt für die Gewerbesteuer — wo die Versteuerung gerade am günstigsten ist).

4. Standort

103. Was ist ein Standort?
Der Standort der Unternehmung ist der Ort, an dem sich die Geschäftsleitung befindet. Der Standort des Betriebes ist der Ort, an dem der Betrieb seine Leistung erstellt.

104. Welches sind die entscheidenden Kriterien für die Wahl des Unternehmungsstandortes?
Tradition, Steuern und Wirtschaftssystem.

105. Welches ist die ökonomisch bedeutsamere Entscheidung: der Unternehmungs- oder der Betriebsstandort?
Der Betriebsstandort.

106. Nennen Sie wichtige Faktoren der betrieblichen Standortwahl!
Ertragsfaktoren (vor allem die Umsatzchance von diesem Standort aus) und die Kostenfaktoren (vor allem Arbeits-, Transportbezugs-, Transportabsatz- und Energiekosten).

107. Was ist ein arbeitsorientierter Betrieb?
Das ist ein Betrieb, der seinen Standort dort wählt, wo die Arbeitskosten am geringsten sind.

108. Wie nennt man in der standorttheoretischen Sprache die Betriebe, welche ihren Standort nach der Kostengünstigkeit der Transportbezugs- und Transportabsatzkosten wählen?
Bezugsorientierte und absatzorientierte Betriebe.

109. Wo hat ein Betrieb seinen kostengünstigsten Standort?
Dort, wo die Summe aller standortrelevanten Kosten am geringsten ist.

110. Ist der kostengünstigste Standort in jedem Falle der optimale Standort?
Nein. Das ist er nur, wenn der Umsatz vom Standort nicht beeinflußt wird.

111. Wie mißt man die Wirtschaftlichkeit eines Standortes?
Indem man den standortbezogenen Umsatz durch die standortrelevanten Kosten dividiert.

112. Wann hat ein Betrieb seinen rentabelsten Standort gefunden?
Wenn der standortbezogene Gewinn (= standortbezogener Umsatz
minus standortrelevante Kosten) in Prozenten zum standortbeding-
ten Kapital am größten ist, ist der rentabelste Standort gefunden.

113. Vergleichen Sie einen gebundenen mit einem freien Standort!
Der gebundene Standort ist dadurch gekennzeichnet, daß die Lei-
stungsmöglichkeit des Betriebes an natürliche Bedingungen (Bodenbeschaffenheit, Klima, Bodenvorkommen) gebunden ist. Deshalb
wird er auch natürlicher Standort genannt. Der freie Standort ist
wählbar, wenn − wie bei Dienstleistungs- und Weiterverarbeitungs-
betrieben Naturbedingungen nicht zu beachten sind.

114. Ist Standortbildung nur deshalb frei, weil keine natürlichen Bedingungen beachtet werden müssen?
Nein. Eine echte Freiheit der Standortwahl ist nur dann gegeben,
wenn es keine rechtlichen Beschränkungen gibt.

115. Nennen Sie rechtliche Beschränkungen oder Einschränkungen für eine
Standortwahl!
a) Historische Schutzbestimmungen (man kann z. B. in Rothenburg
ob der Tauber kein Stahlwerk gründen).
b) Raumordnungserlasse (Stadtgebiete sind z. B. in Wohn-, ge-
mischt genutzte und reine Gewerbegebiete durch die Erlasse der
Raumordnungspolitik aufgeteilt).
c) Wehrwirtschaftliche Verordnungen (aus Gründen der Friedens-
sicherungs- oder Verteidigungspolitik können wichtige Rü-
stungszweige im Lande dezentralisiert untergebracht werden.
Eine gefährliche Zentralisation wird verhindert).

116. Was verstehen Sie unter einer interlokalen Standortwahl?
Die Unternehmensführung oder Betriebsleitung bestimmt bei der
Auswahl zwischen mehreren Orten in verschiedenen Ländern oder
in demselben Land, welcher Ort als gewählt gilt.

117. Ist lokaler Standort und innerbetrieblicher Standort dasselbe?
Nein. Beim lokalen Standort geht es darum, das Grundstück inner-
halb des interlokal bestimmten Standortes zu bestimmen. Der
innerbetriebliche Standort gibt Auskunft über die Grundstücks- und
Gebäudenutzung durch den einzelnen Betrieb auf seinem lokalen
Standortgrundstück.

118. Nennen Sie die wesentlichsten Entscheidungsbereiche der innerbetrieblichen Standortwahl!

a) Verteilung der Gebäude über das Grundstück (Bauumfang, Gebäudeabstand, Gebäudebeziehung).

b) Unterbringung der Abteilungen (Lager, Produktion, Verwaltung, Vertrieb) in den Gebäuden.

c) Aufstellung der Maschinen und sonstigen Anlagen in den einzelnen Abteilungen (Ordnung, Reihenfolge, Abstand, Raumbenutzungsumfang).

119. Wovon hängt die Wahl des lokalen Standortes ab?

Von der Größe des Grundstücks (Bedarfsfrage). Von der Form des Grundstückes (Verteilungsfrage). Von den Eigenschaften des Grundstückes (Bodenbeschaffenheit, Grundwasserverhältnisse). Von den Merkmalen des Grundstückes (Verkehrslage, Kauf- oder Mietpreis, Zu- und Abwässer, Bauordnung).

5. Kapitalausstattung

120. Vergleichen Sie Kapitalstruktur und Kapitalbedarf!

Beim Kapitalbedarf geht es um die benötigte Quantität des Kapitals. Bei der Kapitalstruktur handelt es sich um die qualitative (strukturelle) Zusammensetzung des Kapitals (Eigen- und Fremdkapital, kurz- und langfristiges Kapital).

121. Wissen Sie, was eine Simultangründung im Hinblick auf den Kapitaleinsatz ist?

Bei der Simultangründung bringen die Gründer das gesamte benötigte Eigenkapital selber ein.

121. Wie nennt man eine Gründung, wenn die Gründer nur einen Teil des benötigten Eigenkapitals selber einbringen und den Rest am offenen Kapitalmarkt suchen?

Sukzessiv- bzw. Stufengründung.

122. Ist eine Stufengründung bei Aktiengesellschaften erlaubt?

Nach dem Aktiengesetz von 1965 nicht mehr. Vor dieser Zeit war sie möglich.

123. Welche zwei Wertformen der Kapitalausstattung bei der Gründung und Erweiterung von Unternehmungen kennen Sie?

Die Bar- und die Sachgründung.

124. Nennen Sie Sachwerte, die bei der Gründung oder Erweiterung einge-
legt werden können!
Grundstücke, Gebäude, Maschinen, Fuhrpark, Wertpapiere, Beteiligungen, Lizenzen, Patente.

125. Welches Problem tritt bei der Sacheinlage auf?
Das Problem der Bewertung.

126. Kennt das Handelsrecht Wertbestimmungen, wie Sacheinlagen zu bewerten sind?
Nein. Es spricht lediglich von einer angemessenen Bewertung.

127. Welche Wertansätze kommen in Theorie und Praxis für die Bewertung
von Sacheinlagen in betracht?
Anschaffungskosten, Tageswert, Nutzwert (im Sinne eines sog. Zukunftserfolgswertes).

128. Mit welchem Wertansatz belegt das Steuerrecht die Sacheinlagen?
Mit dem Teilwert.

129. Womit kann der Teilwert oberflächlich betrachtet gleichgesetzt werden?
Mit dem Tageswert.

130. Erläutern Sie den Teilwert korrekt!
Der Teilwert ist der Wert, den ein Käufer des gesamten Unternehmens im Rahmen des Gesamtkaufpreises für das einzelne zu bewertende Wirtschaftsgut zahlen würde unter der Voraussetzung, daß
das Unternehmen fortgesetzt wird (gem. § 6 Einkommensteuerge-
setz).

131. Wie erkennt man den Kapitalbedarf einer Unternehmung?
Durch eine Kapitalbedarfsrechnung.

132. Nennen Sie Formen der Kapitalbedarfsrechnung!
Die Planungsrechnung, die Finanzplanung, die Planbilanz und die
(Rieger'sche) Bedarfsformel.

133. Erläutern Sie die Planungsrechnung des Kapitalbedarfs!
Von Grund auf werden alle Unternehmungsereignisse (Gründung,
Hauptversammlung, Prospekte usw.) und alle Betriebsereignisse
(Rohstoffkauf, Arbeits- und Energieeinsatz, Vertriebsvorgänge) in
der zeitlichen und prozessualen Reihenfolge festgelegt. Anschließend legt man die Geldsummen fest, die für diese Ereignisse ausgegeben werden müssen (sollen).

143. Wie erfolgt die Kapitalbedarfsbestimmung durch den Finanzplan?
Ausgehend von bereits vorhandenen Finanzmitteln werden die wahrscheinlichen Einnahmen einer bestimmten Planperiode dazu gezählt und die wahrscheinlichen Ausgaben derselben Periode davon abgezählt. Bleibt ein positiver Saldo, so ist Kapitalüberschuß gegeben. Ergibt sich ein negativer Saldo, so besteht in dieser Höhe ein Kapitalbedarf.

144. Erklären Sie die Planbilanz!
Es handelt sich um eine vierspaltige Bilanz auf der Aktiv- und Passivseite der Bilanz. In der ersten Spalte stehen die Anfangsbestände an Vermögen und Kapital. In der zweiten Spalte stehen je die erwarteten Zugänge an Vermögen (Aktiva) und an Kapital (Passiva). In der dritten Spalte werden die wahrscheinlichen Abgänge an Vermögens- bzw. Kapitalbeständen eingetragen. In der vierten Spalte ergibt sich auf der Aktivseite der Planbilanz (Anfangsbestand + Zugange ./. Abgange) der wahrscheinliche Vermögensbestand am Ende der Planperiode. Die vierte Spalte der Passivseite weist den wahrscheinlichen Endbestand an Eigen- und Fremdkapital auf. Ist der Vermögensendbestand größer als der Kapitalendbestand, so ist die Differenz als Kapitalbedarf der Planperiode anzusehen.

145. Wie ermittelt man mit Hilfe der sog. Rieger'schen Formel den Kapitalbedarf?
Durch die gen. Formel wird zunächst der Anschaffungswert des benötigten Anlagevermögens festgelegt. Dieser Betrag entspricht dem Kapitalbedarf für die Investitionen (I). Der Kapitalbedarf (KB) für die laufenden Leistungen ermittelt sich dadurch, daß der Durchschnitt der täglichen ausgabeverursachenden Kosten (KD) mit der Zahl der benötigten Tage (TB) multipliziert wird. Die Zahl der benötigten Tage ergibt sich aus dem Zeitabstand zwischen dem Tag der Geldausgabe und dem Tag, da das Geld als Erlös bzw. Einnahme über den Markt beim Verkauf der Leistungen wieder hereinkommt:
$$KB = I + (KD \times TB).$$

146. Wie lautet der sog. Schmalenbach'sche Kapitalsättigungsgrad zur Bestimmung einer optimalen Kapitalstruktur?
Eine Unternehmung ist dann optimal mit Kapital ausgestattet, wenn alles Eigenkapital und alles langfristig aufgenommene Fremdkapital laufend produktiv eingesetzt sind und wenn sporadisch

(vereinzelt) auftretende Beschäftigungsspitzen mit kurzfristig aufgenommenem Fremdkapital finanziert werden.

147. Wie würden Sie die Kapitalsituation beurteilen, wenn auch für die Finanzierung der Beschäftigungsspitzen Eigen- oder langfristiges Fremdkapital zur Verfügung stünde?
Es läge eine Überfinanzierung vor.

148. Erklären Sie den umgekehrten Fall der Unterfinanzierung bei Nichtbeachtung des Kapitalsättigungsgrades!
Für die laufenden produktiven Leistungen müßten kurzfristig Fremdkapitalien aufgenommen werden, dann läge eine Unterfinanzierung vor.

149. Kennen Sie eine berühmte Regel, die festlegt, wann das vernünftige Verhältnis von Eigen- und Fremdkapital erreicht ist?
Die goldene Bilanz- bzw. Finanzierungsregel.

150. Was verlangt die goldene Bilanzregel?
Das Anlagevermögen *soll* mit Eigenkapital finanziert sein. Das Umlaufvermögen *kann* mit Fremdkapital finanziert sein.

151. Wie hat man sich eine optimale Kapitalstruktur nach der sog. „Eins-zu-eins-Regel" vorzustellen?
a) Nach der deutschen Auslegung dieser Regel soll sich das Eigen- zum Fremdkapital einer Unternehmung wie eins zu eins verhalten. Das Fremdkapital darf also nicht größer sein als das Eigenkapital. Damit ist für das Fremdkapital genügende Sicherheit vorhanden.
b) Nach der amerikanischen Auslegung dieser Regel soll das Anlagevermögen sowieso mit Eigenkapital finanziert werden. Das Umlaufvermögen soll je zur Hälfte mit Eigen- und Fremdkapital finanziert sein.

152. Welchem Typ von Bilanzanalyse entsprechen die goldene Bilanzregel und die amerikanische Auslegung der 1:1-Regel?
Der horizontalen Bilanzanalyse. Beide Bilanzseiten werden in die Betrachtung mit einbezogen.

153. Welche Regel entspricht einer vertikalen Bilanzanalyse?
Die deutsche Auslegung der 1:1-Regel. Die Betrachtung bleibt auf derselben Bilanzseite.

C. Die Planung

6. Planungsprinzipien

154. Was ist Planung?

Planung ist die geistige und damit rationale Vorwegnahme künftiger Handlungen.

155. Ist Planung und Entscheidung dasselbe?

Darüber gibt es in der Literatur und Praxis zwei wesentliche Meinungen:

a) Die einen sagen, daß der einheitliche geistige Prozeß in zwei Teile, nämlich in Planung und Entscheidung aufzugliedern ist. Der Gesamtbereich des geistigen Prozeß besteht aus zwei Unterbereichen. Konkret wird festgestellt, daß die Entscheidung der Planung folgt.

b) Die anderen sagen, Planung sei ein Oberbegriff. Die Entscheidung ist ein Teil der Planung. Danach ist Planung ein geistiger Prozeß von Überlegungen und Entscheidungen.

c) Der Verfasser ist noch einer dritten Meinung: Die *Vorplanung* liegt vor der Entscheidung. Man kann z. B. alternative Pläne aufstellen und sich dann für einen entscheiden. Die *Vollzugsplanung,* also die laufende Beschaffungs-, Bereitstellungs-, Einkaufs-, Lagerungs-, Absatz-, Produktions-, Ablauf- und Finanzplanung, erfolgen erst als Folge von vorangegangenen Entscheidungen. Die der Entscheidung folgende Vollzugsplanung hat zwingenden Charakter. Sie läßt keine neuen Entscheidungen zu, nur noch Dispositionen, die wir als entscheidungsbezogene Bestimmungen bezeichnen wollen.

156. Welche Teilplanung ist für ein industrielles Unternehmen die bedeutendste Vorplanung?

Die Produktionsprogrammplanung.

157. In welchen Bereich gehört die allgemeine Arbeitsvorbereitung?

In den Bereich der Vollzugs- als Bereitstellungsplanung.

158. Ist die Prozeß- bzw. Ablaufplanung (z. B. die spezielle Arbeitsvorbereitung) auch als Bereitstellungsplanung anzusehen?

Nein. Sie ist zwar Vollzugs-, aber nicht Bereitstellungsplanung. Man sollte die Vollzugsplanung in eine Bereitstellungs- und eine Ablaufplanung unterteilen.

159. Was umschließt die Planung des immateriellen und materiellen Vorbereitungsgrades nach Ellinger?

Der immaterielle Vorbereitungsgrad umfaßt die Forschung, die Entwicklung und vor allem den Lern- und Erfahrungsprozeß. Der materielle Vorbereitungsgrad bezieht sich auf die Bereitstellung der Leistungsfaktoren und deren planerischen Einsatz[5].

160. Wie lautet das Ausgleichsgesetz der Planung (Gutenberg)?

Für jede Planung gibt es einen Minimumfaktor. Auf kürzere Sicht gesehen soll alles Plangeschehen auf diesen Minimumfaktor eingestellt werden. Ist z. B. die Absatzchance (-menge) der Minimumfaktor, der zunächst nicht erweitert werden kann, so sollen die übrigen Pläne (z. B. Produktionsplan) darauf eingerichtet werden.

Auf lange Sicht jedoch wird man sich den Maximumfaktor aussuchen. Das könnte z. B. eine übergroße, vorerst nicht vollbeschäftigte Investitionskapazität sein. Man wird dann schrittweise alle Pläne und Handlungen auf diesen Maximumfaktor ausrichten.

161. Kennen Sie ein Gegengesetz zum Ausgleichsgesetz der Planung? Erläutern Sie es!

Das Gegengesetz ist das Simultaneitätsgesetz der Planung. Während das Ausgleichsgesetz stets davon aus geht, daß es eine Konstante gibt (Minimum- oder Maximumfaktor), unterstellt das Simultaneitätsgesetz, daß alle Planungsfaktoren Variable sind. Von Grund auf werden alle Faktoren so geplant, daß sie zueinandergehören, daß sie koordiniert sind.

162. Beurteilen Sie den Planungsstreit zwischen dem Ausgleichsgesetz (Gutenberg) und dem Simultaneitätsgesetz der Planung (Dantzig)!

Meines Erachtens haben beide Planungsgesetze, die als Prinzip oder Richtlinie zu werten sind, ihre Bedeutung. Ich stelle mir vor, daß ich zunächst nach dem Simultaneitätsgesetz vorplane, also so tue, als ob alle Faktoren Variable sind, und es keine Minimum- bzw. Maximumfaktoren gibt. Im Zuge der folgenden Bereitstellungsplanung werde ich evtl. Minimumfaktoren entdecken. Schaffe ich ihre Beseitigung bzw. Anhebung, so bleibt es beim simultanen planen. Ist der Minimumfaktor nicht zubeseitigen, so muß ich mich nunmehr nach diesem ausrichten, d. h. ich plane nun nach dem Ausgleichsgesetz.

163. Nennen Sie wesentliche Forderungen an die Planung!

Die Planung soll informationsgebunden, elastich, zielorientiert und vollständig sein.

---

5 Th. Ellinger, Ablaufplanung, Stuttgart 1959

164. Vergleichen Sie informationsgebundene und zielorientierte Planung!
Die Planung ist um so präziser je vollständiger und genauer die Informationen sind. Die Informationen und damit indirekt auch die Planung sollen auf das Zielsystem der Unternehmung eingestellt sein.

165. Wie erfüllt man den Grundsatz der Planungselastizität?
Entscheidende Wege, die Planung elastisch zu halten sind:
a) Regelmäßige Informationserfassung und -auswertung verbunden mit kontinuierlicher Planung,
b) die Planung von Variationsbreiten, d. h. die Planung von betriebstechnischen und finanziellen Reserven (Margen, in denen sich die Realisation abspielen kann),
c) die Formulierung von Alternativplänen vorab, zwischen denen je nach Ausgangslage von Fall zu Fall gewählt wird.

166. Deckt sich der Grundsatz der vollständigen Planung mit der Vorstellung einer Detailplanung?
Nein. Die Planung ist vollständig, wenn keine örtlichen und funktionalen Planungsbereiche unberücksichtigt bleiben. Die Vollständigkeit kann sich sowohl durch Umriß- bzw. Globalplanung als auch durch Detailplanung konstituieren.

167. Vergleichen Sie Ein- und Mehrzweckmaschinen aus der Perspektive der elastischen Planung!
Einzweckmaschinen sind vom technischen Einsatz her recht unelastisch. Hinzu kommt noch, daß die sich auf die Ausbringungsmenge bezogene Durchschnittskostenkurve in der Regel stark abfällt und nach einer bestimmten Belastung ebenso sehr stark ansteigt. Der Bereich des Betriebsoptimums ist also sehr gering. Auch kostenmäßig ist deshalb die Einzweckmaschine sehr unelastisch. Für die Mehrzweckmaschine gilt sowohl, daß sie fertigungstechnisch elastisch (variabel) einsatzfähig ist, als auch, daß ihr Durchschnittskostenniveau flacher verläuft. Das Betriebsoptimum liegt also innerhalb einer größeren Ausbringungsmarge.

168. Was versteht man unter dem „ökonomischen Horizont"?
Die der Planung zur Verfügung stehenden Informationen gelten für mehr oder weniger lange Zeit im voraus. Der Informationsbereich, dessen Gültigkeit für den kürzesten Zeitraum vorab gilt, ist der ökonomische Horizont. Die übrigen Bereiche, die damit zu koordinieren sind, kann man deshalb auch nur für diesen betreffenden Zeitraum vorab planen.

169. Vergleichen Sie die Genauigkeit und das Risiko der Planung miteinander!
Das Handeln der Unternehmung ist an eine Fülle von Daten anzupassen. Je stärker sich diese Daten in der Zukunft verändern, um so schwieriger ist die Planung, um so mehr gewinnt sie an Bedeutung. Die Art der Planung versucht man mit Hilfe wissenschaftlicher Methoden zu erforschen. Von der Genauigkeit dieser als Ausgangspunkte dienenden Untersuchungsergebnisse hängt die Genauigkeit der Planung entscheidend ab. Eine exakte Voraussage dieser Daten ist nicht möglich. deshalb ist die Planung immer mit einem gewissen Risiko verbunden.

170. Was sind Entscheidungen ohne Risiko?
Man ist aufgrund vollständiger Informationen sicher, daß das sich die durch die Planung getroffene Erwartung voll erfüllt.

171. Wie nennt man die zur vollständigen Information und risikolosen Entscheidung gehörige Art der Erwartung?
Eineindeutige Erwartungen.

172. Was ist das Extrem der Entscheidungen ohne Risiko und erläutern Sie dieses!
Es handelt sich um die Entscheidungen mit Ungewißheit. Die Ungewißheit ist geprägt durch die fehlenden Informationen und die nichtdeutigen Erwartungen. Man ist über die Anzahl und den Inhalt der möglichen Erwartungswerte nicht unterrichtet. Deshalb reicht die Skala der Entscheidungstriebe von intuitivem Wagemut bis zur hoffnungsvollen Leichtfertigkeit.

173. Was verstehen Sie unter einer Entscheidung mit relativer Sicherheit?
Bei dieser Entscheidung gibt es mehrere Erwartungen. Man ist zwar nicht vollständig informiert, aber die Anzahl und der Inhalt der Erwartungswerte ist bekannt. Man weiß nur nicht, welcher dieser Erwartungswerte eintreten wird. Die mehreren Erwartungen sind je eindeutig. Insgesamt sind die Erwartungen mehreindeutig. Darin liegt das Risiko dieser Entscheidung, relativ unsicher zu sein. Mit Hilfe der Wahrscheinlichkeitsrechnung kann man allerdings berechnen, welcher der Erwartungswerte welchen Wahrscheinlichkeitsgrad des Eintretens haben wird.

174. Erläutern Sie Entscheidungen mit Risiko!
Die Informationen sind unvollkommen. Es gibt mehrere Erwartungswerte. Alle Erwartungswerte haben die gleiche Chance einzutreten.

Darin liegt das Risiko der Entscheidung, daß die Entscheidungen mehrdeutig sind. Anzahl und Inhalt der Erwartungen sind allerdings bekannt.

175. Wie stehen die Erwartungen und die Information bei einer Entscheidung mit Unsicherheit zueinander?

Die Informationen sind ungenau. Die Erwartungen sind vieldeutig. Die Anzahl der Erwartungsmöglichkeiten ist zwar bekannt, nicht aber ihr genauer Inhalt. Darin beruht die Unsicherheit der Entscheidung.

176. Was sind Unternehmungswagnisse im Gegensatz zu Betriebswagnissen?

Unternehmungswagnisse sind allgemeine Wagnisse. Sie entstehen in marktwirtschaftlichen Systemen. Die Unternehmung weiß nicht, ob sie das Produzierte überhaupt oder erfolgreich absetzen kann. Sie geht Liquiditäts-, Rentabilitäts- und Kapitaleinsatzrisiken ein. Betriebswagnisse entstehen durch den Leistungsprozeß. Das können Transport-, Aufstell-, Produktions-, Maschinenausfall- und Reparaturrisiken sein.

177. Kann man innerhalb des Rechnungswesens etwas tun, um die Unternehmungswagnisse zu mildern?

Man bildet aus dem Gewinn Rücklagen. Man schüttet also nicht den gesamten Gewinn aus und hält Teile des Gewinnes für Risikofälle griffbereit.

178. Wie sichert man sich gegen Betriebswagnisse?

Gegen Betriebswagnisse, die auch als spezielle Wagnisse bezeichnet werden, kann man sich auf verschiedene Weise sichern:

a) Man schließt Versicherungen bei einer Versicherungsgesellschaft ab. Im Gegensatz zu Unternehmungswagnissen kann man sich nämlich gegen Betriebswagnisse versichern lassen.

b) Man berechnet aus Erfahrungswerten der Vergangenheit kalkulatorische Wagnisse und schlägt diese innerhalb der Selbskostenrechnung zu den Kosten. Je nach Marktlage holt man sich die gesamten Kosten (und mehr) durch den Erlöspreis herein. Man überwälzt demnach das Risiko auf die Käufer.

---

6 Fragen- und Antwortbereiche von 170 bis 175 entstammen A. Scheibler, Der Material- und Formalcharakter einer (volkswirtschaftlichen) Theorie, Köln 1970, S. 70/75.

179. Gelten Rückstellungen auch als eine Art Risikomilderung?

In gewissen Sinne ja. Es gibt Verbindlichkeiten im Sinne künftiger Aufwendungen, von denen man noch nicht weiß, ob, wann und in welcher Höhe sie eintreten. In der Vermutungshöhe verbucht man einen wahrscheinlichen Aufwand. Um den Aufwand wird buchhalterisch der Gewinn geschmälert. Ist der Gewinn auf diese Weise verkleinert, kommt man nicht auf die Idee, ihn auszuschütten.

180. Schlagen Sie vor, wie man sich gegen das Risiko steigender Rohstoffpreise sichern kann?

Man rechnet in der Kalkulation nicht mit Anschaffungskosten, nicht einmal mit den Tageswerten zum Zeitpunkt des Verbrauches der Rohstoffe, sondern zu deren wahrscheinlichen Wiederbeschaffungspreisen. Gelingt es, diesen erhöhten Wertansatz im Erlöspreis zu erzielen, so hat man die Geldmittel, um die höheren Wiederbeschaffungskosten der Rohstoffeinkäufe zu bezahlen.

181. Sehen Sie einen Weg, wie man sich gegen das Risiko schwankender internationaler Wechselkurse sichern kann, wenn man als Exporteur seine Rechnungen in Auslandswerten ausdrückt?

a) Man stellt seine Rechnung in Inlandswerten aus und verlangt Bezahlung in Inlandswährung.

b) Man bindet die Rechnungspreise an den Goldwert oder an eine andere (stabile) Währung.

182. Was ist eine Entscheidungsrechnung?

Das ist eine Rechnung (mathematisches Verfahren), mit deren Hilfe man Entscheidungen erleichtert bzw. herbeiführt.

183. Ist Planungs- und Entscheidungsrechnung dasselbe?

Wenn es sich um Vorplanungen handelt, die mit Hilfe von Rechnungen zur Entscheidung gebracht werden, dann ist Planungs- und Entscheidungsrechnung dasselbe, wie dies z. B. für die Investitionsrechnung gilt. Handelt es sich um Rechenverfahren der Bereitstellungs- und vor allem Ablaufplanung (z. B. optimale Losgrößenberechnung, Netzplantechnik, Linearprogrammierung), dann hat man es mit einer zwingenden Planungsrechnung, jedoch nicht mit einer Entscheidungsrechnung zu tun. Alle Methoden zusammen sollte man deshalb zweckmäßigerweise Planungsrechnung nennen.

8. Planungsrechnung

184. Nennen Sie die wesentlichsten Planungsrechnungen, die zugleich auch Entscheidungsrechnungen sind!
Die Investitionsrechnung und die sog. Entscheidungsregeln.

185. Kennen Sie Informationsrechnungen, die keine unmittelbaren Planungs-, sondern mehr Basisrechnungen sind?
Die Marktforschungsrechnung (Index-, Trend-, Korrelations- und Kontingenzrechnungen, Stichprobenverfahren), die Bilanzanalyse (Vermögens-, Kapital-, Liquiditäts-, Gewinn- und Rentabiltätsrechnung) und der Betriebsvergleich (Standort-, Steuerbelastungs-, Umsatzvergleichsrechnungen).

186. Welche Entscheidungsregeln sind ihnen dem Namen nach bekannt?
Die Minimax-Regel nach Neumann, Morgenstern und Wald, die dazugehörige Umkehrregel, nämlich die Maximax-Regel, die Optimismus-Pessimismus-Regel nach Hurwicz, die Maximin-Regel nach Savage und Niehans, evtl. noch das Kriterium des unzureichenden Grundes.

187. Welche gemeinsame Ausgangsbasis haben sämtliche Entscheidungsregeln?
Eine Unternehmung steht vor der Wahl mehrerer Aktionen. Auf jede ihrer Aktionen sind von woandersher verschiedene Reaktionen möglich. Alle Reaktionen auf jede Aktion haben die gleiche Wahrscheinlichkeit einzutreten. Reaktionen und Aktionen müssen in Zahlengrößen ausgedrückt werden. So können z. B. die Aktionen verschieden mögliche Angebotspreise sein, die das Unternehmen verlangen könnte und die Reaktionen auf jeden der Angebotspreise könnten angenommenerweise je verschiedene Nachfragemengen sein.

188. Welche Aktion wählt die Planungs- bzw. Entscheidungsstelle, wenn nach der Minimax-Regel verfahren werden soll?
Sie wählt die Aktion, bei der der kleinste Reaktionswert größer ist als bei allen anderen Reaktionen. Es handelt sich um eine Regel für Vorsichtige.

189. Welche Aktion wählt die Planungsstelle, wenn sie sich nach der Maximaxregel entscheiden will?
Da es sich um eine Regel für Ultraoptimisten handelt, entscheidet man sich für die Aktion, bei der vergleichsweise die höchstwertige Reaktion neben anderen denkbar ist.

190. Wie entscheidet man sich nach der Optimismus-Pessimismus-Regel?

Für jede Aktion wird nach der denkbar niedrigsten und nach der denkbar höchsten Reaktion geforscht. Je nach Optimismus- oder Pessimismuseinstellung versieht man die Reaktionswerte mit einem Gewicht (Optimismusgewicht z. B. 70 %, Pessimismusgewicht zwangsläufig 30 %). Anschließend bildet man aus dem niedrigsten Wert versehen mit dem Pessimismusgewicht und dem höchsten Wert versehen mit dem Optimismusgewicht das arithmetische Mittel (gewogener Durchschnitt). Man wählt dann die Aktion, deren gewichteter Durchschnitt an Reaktionswerten am höchsten ist.

191. Von welcher Vorstellung geht das Kriterium des unzureichenden Grundes aus?

Da jede Reaktion auf jede Aktion die gleiche Chance hat einzutreten, errechnet man für jede Aktion aus den verschiedenen Reaktionen den normalen (ungewichteten) Durchschnitt. Man wählt dann die Aktion mit dem höchsten Reaktionsdurchschnitt.

192. Was sind Investitionen und was versteht man unter einer Investitionsrechnung?

Investitionen sind Kapital- bzw. Vermögenseinsatz zum Zwecke der Leistungserstellung und Erfolgserzielung. Die Investitionsrechnung hat die Aufgabe

a) zu überprüfen, ob eine geplante Investition überhaupt Erfolg im Sinne der Unternehmenszielsetzung verspricht.

b) zu berechnen, welche von mehreren möglichen Investitionen die erfolgreichere sein wird.

193. Nennen Sie Gründe für eine Ersatz-, Rationalisierungs- und Erweiterungsinvestition!

a) Ersatzinvestitionen sind denkbar, wenn die vorangegangenen Investitionsanlagen voll abgeschrieben oder wenn sie technisch nicht mehr leistungsfähig sind.

b) Rationalisierungsinvestitionen sind fällig, wenn die alten Anlagen technisch oder wirtschaftlich überholt sind bzw. wenn neue Anlagen nennenswerte Erfolgserweiterungen versprechen.

c) Erweiterungsinvestitionen wird man vornehmen, wenn der Markt (die Nachfrage) wächst, wenn man seinen Absatzmarkt erweitern möchte, wenn man in das Marktgebiet eines anderen Unternehmens eindringen will und auch dann, wenn man sein bisheriges Produktionsprogramm um weitere Produkte vermehrt.

194. Wie nennt man die traditionellen und in der Praxis immer noch führenden Methoden der Investitionsrechnung?
Approximative Methoden (Erich Schneider), einperiodische Methoden (Werner Kern), kalkulatorische Methoden (der Verfasser).

195. Erläutern Sie die drei Namen der Antwort zu 194. auf ihre Berechtigung hin!

a) Approximativ (sich annähern) heißen die Verfahren, weil man durch sie nur annäherungsweise an die Wahrheit der geplanten Erfolge herankommt.

b) Einperiodisch werden die Verfahren genannt, weil in der Rechnung keine periodische Aufgliederung der Aufwendungen und Erträge vorgenommen wird. Die Gesamtlebensdauer der Anlage wird ohne finanzmathematische Rechnung als eine Einheit betrachtet.

c) Kalkulatorisch bezeichnen wir die Verfahren, weil sie auf der Basis der Kostenrechnung erfolgen, weil in ihren Zahlenwerten neben den pagatorischen (d. h. Ausgabe verursachenden) Kosten auch die kalkulatorischen Kosten mit berücksichtigt werden. Selbst der Einbezug von Gewinnen geht nicht von Ertrag und Aufwand sondern von Betriebsertrag und Kosten aus.

196. Nennen Sie die drei wichtigsten kalkulatorischen Verfahren der Investitionsrechnung!
Die Kostenvergleichsrechnung, die Gewinnvergleichsrechnung und die Rentabilitätsvergleichsrechnung.

197. Beschreiben Sie die drei unter 196. genannten Investitionsrechnungsmethoden!

a) Man sammelt pro Investition alle mit der Investition verbundenen Kosten (Anschaffungs-, Neben-, Instandhaltungs-, Betriebs-, Arbeits- und Materialkosten) und wählt bei gleichen Ertragsgrössenverhältnissen die Anlage, die die geringsten Kosten aufweist. Deshalb wird von Kostenvergleichsrechnung gesprochen.

b) Ausgehend von unterschiedlichen Ertragsmengen verschiedener Investitionsgüter summiert man die bewerteten Erträge über die wahrscheinliche Gesamtlebensdauer der Anlage. Davon zieht man die wahrscheinlichen Gesamtkosten (vgl. a) ab und erhält so den Investitionsgewinn. Man wählt die Anlage mit dem höchsten Investitionsgewinn. Deshalb spricht man von Gewinnvergleichsrechnung.

c) Den unter b) ermittelten Investitionsgewinn drückt man in Prozent des benötigten Kapitaleinsatzes aus. Das ist die Investitionsrentabilität. Man wählt im Vergleich zu anderen Investitionen die rentabelste.

198. Wie nennt man die moderneren Methoden der Investitionsrechnung?

a) Finanzmathematische (Erich Schneider) im Sinne von vollkommenen Methoden, weil sie auf Grund der mathematischen Feinrechnung verbunden mit vollständiger Information (die im Modell angenommen wird) die wahre Erfolgslage der geplanten Investition finden.

b) Mehrperiodische Verfahren (Werner Kern), weil die Erfolgslagen in Lebensdauerjahre aufgespalten und jahresweise geplant und berechnet werden.

c) Pagatorische Methoden (der Verfasser), weil diese Verfahren nur von Einnahmen (Einzahlungen) und Ausgaben (Auszahlungen), also von finanziellen Größen aus gehen.

199. Nennen Sie die drei bedeutenden moderneren Verfahren der Investitionsrechnung!

Die Kapitalwertmethode, die interne Zinsfußmethode, die Annuitätenmethode.

200. Erläutern Sie vergleichsweise die Grundzüge der drei unter 199. genannten Methoden!

a) Bei der Kapitalwertmethode sucht man die Anlage mit dem höchsten Kapitalwert. Unter Kapitalwert versteht man den Saldo zwischen dem Gegenwartswert aller künftigen Einnahmen und dem Gegenwartswert aller künftigen Ausgaben.
Der Gegenwartswert der künftigen Einnahmen wird dadurch berechnet, daß alle jahresweise geplanten Einnahmen aus der Lebensdauer der Anlage mit Hilfe eines Abzinsungsfaktors auf heute diskontiert werden. Das gleiche gilt für die Ausgaben.

b) Die Annuitätenmethode ist eine Abwandlung der Kapitalwertmethode. Sie sucht grundsätzlich nach gleicher finanzmathematischer Methodik die Investition, die im Jahresdurchschnitt den höchsten Finanzüberschuß liefert.

c) Bei der internen Zinsfußmethode geht man so vor, daß der Zins des Einsatzkapitals (also auch des Eigenkapitals) mit in die Ausgabenrechnung einbezogen wird. Ist der finanzmathematisch berechnete Saldo zwischen Einnahmen und Ausgaben (einschl.

eigener Zinsvorstellung) gleich Null, so lohnt sich die Investition, weil man dann seine Zinsvorstellung erreicht.

201. Sind moderne (pagatorische) Methoden der Investitionsrechnung und Investitionsmodelle dasselbe?

Nein. Die Investitionsmodelle sind komplexer. Sie berühren Koordinativ größere Bereiche der Unternehmung, nicht nur die Anlagegüter als solche.

202. In welche zwei Gruppen kann man die investitionstheoretischen Modelle gliedern?

In kapitaltheoretische Modelle, deren Modellbereich die Finanzwirtschaft der Unternehmung ist (vor allem H. Albach), und in produktionstheoretische Modelle, die die Investitionsbetrachtung als Koordinationsaufgabe zwischen Finanz- und Produktionsbereich ansehen (vor allem: Jacob, Förstner und Henn).

203. Was verstehen Sie unter Netzplantechnik?

Die Netzplantechnik ist eine Methode der zeitlichen Optimierung von Abläufen und ist damit eine Hilfe für die Planung und Steuerung von Projekten.

204. Was ist ein Netzwerk?

Das Netz, der Netzplan bzw. das Netzwerk ist eine graphische Darstellung von logischen (im Zweifel zeitlich nacheinanderliegenden) Verknüpfungen. Das Netzwerk besteht aus Kanten und Knoten (das sind die Werkelemente) und aus Aktivitäten und Ereignissen (das sind die Strukturelemente).

205. Erläutern Sie die unter 204. genannten Begriffe!

a) Kanten heißen auch Strecken. Sie sind der in eine bestimmte Richtung verweisende Weg des logischen Ablaufes und stellen die Aktivitäten dar.

b) Knoten heißen auch Ecken oder Punkte. Sie stellen in Kreis-, Dreieck- oder Viereckform die Ereignisse dar.

c) Aktivitäten heißen auch Operationen, Arbeitsgänge oder jobs. Sie umfassen jeweils einen bestimmten Zeitraum. Bei sog. Scheinaktivitäten ist allerdings die Zeitdauer gleich Null.

d) Ereignisse heißen auch Zeitpunkte. Jeder Beginn oder jede Fertigstellung einer Aktivität heißt Ereignis.

206. Welches sind die bekanntesten Netzplanmethoden und welche Anwendungsbereiche für die Netzplantechnik gibt es?

a) Die bekanntesten Methoden sind
(1) Critical Path Method (CPM).
(2) Program Evaluation Review Technic (Pert).
(3) Metra Potential Method (MPM).
b) Wichtige Anwendungsgebiete der Netzplantechnik sind[7]
(1) Fertigungsabläufe, besonders bei Einzel-, Spezial- und Werkstattfertigung.
(2) Einführung von aufeinander abgestimmten Rechen- und Buchungsanlagen.
(3) Langfristige Finanz- und Investitionspläne.
(4) Kauf, Lagerung und Bereitstellung von Waren bzw. Rohstoffen, auch die Ablieferung von Waren.
(5) Bau größerer Gebäude, Brücken, Kraftwerke, Schiffe, U-Bahnen einschl. Entwicklung und Bau neuer Flugzeugtypen.

207. Welche Kriterien und Zwecke sind mit der Netzplantechnik verbunden?
a) Die wesentlichen Kriterien sind:
(1) Die Projekte müssen in sich abgeschlossen sein, d. h. es muß ein Beginn- und Endzeitpunkt erkennbar sein.
(2) Die Projekte sollen technisch und zeitlich einen bestimmten Mindestumfang haben.
(3) Ein größeres Objekt muß sich aus einer Vielzahl von Einzel- bzw. Teilprojekten zusammensetzen.
(4) Die Projekte sollen eine gewisse Neuartigkeit aufweisen, weil bei bekannten Projekten bereits Erfahrungen vorliegen.
b) Als Zwecke sind zu nennen:
(1) Klarer Überblick über das gesamte Planungsprojekt.
(2) Eindeutige Darstellung des logischen Ablaufes.
(3) Genaue Zeiteinschätzung bzw. Terminfestsetzung für alle interessierenden Teilvorgänge.
(4) Kenntnis des kritischen Weges, d. h. des am meisten zu beanspruchenden Teilablaufes.

208. Was verstehen Sie unter Operations Research?
Operations Research, auch Unternehmungsforschung oder Optimierungskunde genannt, sind mathematische Verfahren, um optimale Ergebnisse in der Ablauforganisation und Ablaufplanung zu erzielen. Dabei kann sich das Optimum auf die Zeit, die Kosten, die Verfahrenstechnik und den Gewinn beziehen. Man geht in unstrittigen Fäl-

---

7 Vgl. z. B. J. Brandenberger, Netzplantechnik, Zürich 1965

len von linearen und nicht linearen Gleichungssystemen,auf jeden Fall aber (wie bei der Netzplantechnik oder bei der sog. Simplexmethode) von bekannten Größen aus. In strittigen Fällen (wie etwa bei der Sensibilitätsanalyse) geht man entweder von simulierten Größen aus oder versucht qualitative Strukturmerkmale in eine Wertersatzgröße zu transformieren.

209. Nennen Sie die wesentlichsten Methoden der Operations Research!

a) Historische und methodische Vorläufer sind das sog. Transportproblem (es wird der schnellste oder kostengünstigste Weg gefunden, wie bestimmte Transportmengen von verschiedenen Orten an verschiedene Orte gebracht werden) und die Netzplantechnik.

b) Fundamentale Methoden sind

(1) die lineare Programmierung mit graphischer Lösung oder nach der Simplexmethode, die auf linearen Gleichungssystemen aufbaut.

(2) die nicht lineare Optimierung, die auf nicht linearen Funktionen aufbaut, deren Parabel- oder sonstiges Funktionenmaß jedoch bekannt sein muß.

(3) die dynamische Optimierung, bei der im Gegensatz zur linearen und nicht linearen Programmierung der Faktor Zeit (Zeitraum zwischen Handlung und Ereignis) mit einbezogen wird.

(4) die Theorie der Spiele (theory of games), bei der die Aktionen und mögliche Reaktionen simuliert werden (wie bei der Vorabüberlegung der Züge eines Schachspieles).

(5) die Theorie der Warteschlangen bzw. Stauungen, bei der das Ansammeln von Bedienungswünschen auf die Bedienungsträger optimal verteilt wird.

210. Ist Unternehmensführung und Unternehmensforschung dasselbe?

Nein. Unternehmensführung ist ein zielorientiertes und zweckgebundenes Führen, Entscheiden, Leiten und Steuern von Unternehmungs- und Betriebshandlungen. Unternehmensforschung ist ein anderes Wort für Operations Research und beinhaltet mathematische Planungshilfe bei der Verfolgung quantifizierbarer Teilziele[8].

---

8 Vgl. A. Angermann (Hrsg.) Betriebsführung und Operations Research, 1963.
   G. B. Dantzig, Lineare Programmierung und Erweiterung, Berlin-Heidelberg-New York 1966.
   B. Krekó, Lehrbuch der linearen Optimierung, Berlin 1968.
   H.-H. Böhm, Nichtlineare Programmplanung, Wiesbaden 1959.
   Cabell, R. W., Betriebsführung und Unternehmensforschung, 1964.
   W. Kern, Operations Research, Stuttgart 1966.

II. Die Realisation mit Organisation

A. Die Aufgabenanalyse

1. Aufgabencharakterisierung

211. In welcher Beziehung stehen Realisation und Organisation zueinander?
Realisation ist die Durchführung geplanter Ziele, Zwecke und Aufgaben. Organisation ist die bestehende Ordnung zur Verfolgung, also die Art und Weise der Durchführung.

212. Kennen Sie verschiedene Auffassungen über das Wesen der Organisation?
   a) Organisation ist die zielstrebige Regelung der Verhältnisse Mensch zu Mensch oder Mensch zu Gegenstand (Rolf Erdmann, 1921).
   b) Organisation ist die Planvolle Zusammenfügung geeigneter Menschen und Sachdinge zur gemeinschaftlichen Lösung von Aufgaben (Walter Schramm, 1936).
   c) Organisation ist ein System von Regelungen (Fritz Nordsieck, 1955).
   d) Organisation ist die Zusammenfügung von Tätigkeiten zu einer Einheit (Heinrich Acker, 1961).
   e) Organisation ist die integrative strukturierende Gestaltung von Ganzheiten (Erich Kosiol, 1962).
   f) Organisation ist menschliche Gestaltungshandlung von Strukturen zur Erfüllung von Daueraufgaben (Erich Grochla, 1966).
   g) Organisation ist die planmäßig gestaltbare bzw. gestaltete zweckgeordnete und wiederholbare Integration von Elementen zu einer zielorientierten Einheit (der Verfasser, 1970).

213. Welches ist die primäre Aufgabe der Organisation, ohne die eine Realisation nicht möglich ist?
Die Analyse der Aufgaben, d. h. die Bezeichnung, Beschreibung und Abgrenzung der Aufgaben.

214. Was sind Aufgaben?
   a) Aufgaben sind Zielsetzungen für zweckbezogene menschliche Handlungen —Handlungsziele —, die als gesetztes Soll gelten[9].

---

9 Vgl. Erich Kosiol, Organisation der Unternehmung, Wiesbaden 1962, S. 43

44

b) Aufgaben sind die vielen Tätigkeiten, die in eine Ordnung gebracht werden müssen. Die Tätigkeiten sind das Erfahrungsobjekt, ihre Ordnung ist das Erkenntnisobjekt der Organisation bzw. Organisationslehre.[10].

c) Aufgaben sind Funktionen mit der Absicht einer Zweckerfüllung[11].

215. Unterscheiden Sie Aufgabenmerkmale von Aufgabenelementen!

Aufgabenmerkmale sind die Eigenschaften einer Aufgabe. Aufgabenelemente sind die Teile, aus denen sich eine Aufgabe zusammensetzt.

216. Nennen Sie die Merkmale einer Aufgabe!

a) Die wesentliche Eigenschaft der Organisation ist die stabilisierende Ordnung (Gutenberg).

b) Aufgabenmerkmal ist das Seinsollen (Kosiol).

c) Das Wesentliche an der Aufgabe ist das Tätigkeitsmerkmal (Acker).

d) Die Aufgabe ist durch die Erfüllungsfunktion gekennzeichnet (der Verfasser).

217. Aus welchen Elementen setzt sich eine Aufgabe zusammen?

a) Aus dem Verrichtungsvorgang (wie wird organisiert?).

b) Aus dem Objekt (woran soll die Verrichtung vollzogen werden?).

c) Aus den sachlichen Mitteln (womit soll die Aufgabenerledigung erfolgen?).

d) Aus einem Raum (wo soll die geforderte Aufgabe erfüllt werden?).

e) Aus der Zeit (wann soll die Aufgabe erfüllt werden?).

Das ist die Auffassung von Kosiol.

218. Was versteht Acker unter ursprünglichen und abgeleiteten Merkmalen der Aufgabe?

Ursprüngliche Merkmale sind das Ziel, das Objekt, die Verrichtung, die personenbezogenen Vorgänge und die Werkzeuge.

Abgeleitete Merkmale sind die Qualifikation (Subjektanforderung), der Raumbedarf und die Zeitdauer.

---

10 Vgl. Erich Acker, Die organisatorische Stellengliederung im Betrieb, Wiesbaden 1961, S. 12

11 Vgl. Albert Scheibler, Unternehmensführung in Theorie und Praxis, 2. Band, Entscheidungs- und Leistungssysteme, Köln 1973.

219. Unterscheiden Sie Aufgabe, Zweck und Tätigkeit!

Die Aufgabe ist eine Funktion (Buchführen z. B.). Der Zweck ist der Sinngehalt der Aufgabe (Erfolgsermittlung z. B.). Die Tätigkeit ist die Technik der Zweckerfüllung (Schreiben, Addieren, Saldieren z. B.). Nachdem die Aufgabe nur aus einem einzigen Element besteht, das auch das Wesen der Aufgabe ausmacht, nämlich die durch Tätigkeit erreichbare Zweckerfüllung, ist es erklärlich: Das Element der Aufgabe ist ein bestimmter Zweck. Das Merkmal der Aufgabe ist die tätigkeitsbezogene Zweckerfüllung.

2. Aufgabenordnung

220. Unterscheiden Sie Gesamtaufgaben, Teilaufgaben und elementare Aufgaben!

Gesamtaufgaben sind großrahmige Aufgaben, die nicht anderen Aufgaben unterzuordnen sind. Sie müssen mit anderen Gesamtaufgaben koordiniert werden (z. B. Beschaffung, Produktion, Absatz).

Teilaufgaben sind aufgespaltene Gesamtaufgaben. So kann man die Gesamtaufgabe der Beschaffung z. B. aufspalten in eine Bestellungs- und Lagerungsaufgabe.

Elementare Aufgaben sind die denkbar kleinsten Teilaufgaben. Sie lassen sich nicht mehr aufspalten.

221. Ist Aufgabenordnung und Aufgabengliederung dasselbe?

Nein. Die Aufgabengliederung erfolgt zum Zwecke der Aufgabenfindung. Die Aufgabenordnung, oft erst eine Folge der Aufgabengliederung, ist Aufgabensystematik. Sie hat den Sinn, die Aufgaben aufeinander abzustimmen.

222. Wie gelangt man durch Gliederung zu den Teilaufgaben?

Durch Auflösung, Absonderung und Spaltung größerer Aufgabenkomplexe.

223. Was sind koordinierbare Aufgaben?

Das sind Aufgaben, die nach einer ständigen Übereinstimmung mit anderen gleichwertigen Aufgaben verlangen.

224. Wie heißt das Gegenstück der koordinierbaren Aufgaben und was versteht man darunter?

a) Das Gegenstück heißt „subordinierbare Aufgaben".

b) Man versteht darunter, daß bestimmte Aufgaben anderen höherwertigeren oder größeren Aufgaben unterzuordnen sind.

225. Was sind Aufgabensynthesen?
Ausgehend von kleinsten Aufgaben kommt man durch Zusammen-
fügen zu jeweils größeren Aufgabenkomplexen.

226. Welche Richtung kann der Gliederungsversuch der Aufgaben einneh-
men?
Eine Abwärtsrichtung (vgl. Frage 222.). Eine Aufwärtsrichtung
(vgl. Frage 225.). Eine Seitwärts-Abwärtsrichtung (im Sinne der
Frage 223/224 zuerst die koordinierbaren und dann die subordi-
nierbaren Aufgaben suchen).

227. Wie ordnet man vergleichsweise die Aufgaben nach dem Phasen — und
nach dem Prozeßprinzip?
Nach dem Phasenprinzip unterscheidet man Planungs-, Realisations-
und Kontrollaufgaben. Nach dem Prozeßprinzip unterscheidet man
Beschaffungs-, Produktions-, Absatz- und Finanzierungsaufgaben
(Kosiol).

228. Vergleichen Sie Produktionsmittelprinzip und Kreislaufprinzip bei der
Aufgabenordnung!
Nach dem Produktionsmittelprinzip kennt man menschenbezogene
Aufgaben (Arbeitseinsatz, Sozialpolitik), werkstoffbezogene Aufgaben (Materialbeschaffung und -einsatz) und betriebsmittelbezo-
gene Aufgaben (Investitionen und Maschineneinsatz).
Nach dem Kreislaufprinzip (Nordsieck)[12] steht im Mittelpunkt die
Betriebskonzeption. In einem inneren Kreise (Anlagen- und Sach-
verwaltung, Personal- und Sozialwesen, Finanzwirtschaft einerseits und Organisation und Nachrechnung andererseits) und in
einem um den Beschaffungs- und Absatzmarkt kursierenden äus-
seren Kreise (Marktforschung, Entwicklung/Konstruktion, Arbeitsvorbereitung, Beschaffung, Fertigung, Produktionskontrolle, Ver-
kauf/Werbung) sind die Aufgaben ordentlich aneinandergereiht und
wiederholen sich ständig.

229. Aus welchen Stufen besteht ein geschlossenes kybernetisches System?
Antrieb (Motiv), Ziel (Zielsystem), Handlung (Entscheidung, Planung, Realisation, Aktion) und Ergebnis (Effekt, Effizienz). Und
dem auswertenden Vergleich zwischen Ergebnis und Ziel.

---

12 Vgl. Fritz Nordsieck, Betriebsorganisation, Stuttgart 1961, S. 10 und Tabelle im
Anhang.

230. Benutzen Sie das vorgezeichnete System, um danach die Aufgaben zu ordnen (Systemprinzip des Verfasser)!

Antriebs- bzw. Motivations- bzw. Innovationsaufgaben, wie Forschung und Entwicklung. Zielaufgaben, die als Zielsystem zu entscheiden bzw. festzulegen sind. Handlungsaufgaben, die als Entscheidungs-, Planungs-, Realisations- und Aktionsaufgaben zum Tragen kommen. Ergebnisaufgaben, die sich vor allem als Kontrollaufgaben sehen lassen.

B. Die Stellenbildung

3. Stellenbildungsprozeß

231. Was ist organisatorisch betrachtet eine Stelle?

Eine Stelle ist eine Institution der Aufgabenerfüllung. Sie ist ein Aufgabenträger. Meist hat sie nicht elementare, sondern gebündelte Aufgaben zu erfüllen.

232. Welches sind die entscheidenden Merkmale einer Stelle?

a) Ein Bündel bzw. eine Synthese von Aufgaben.

b) Eine oder mehrere Personen, die die Aufgaben in der Stelle erfüllen.

c) Ein Raum, in dem durch die Stelle die Aufgabe erfüllt wird.

d) Eine Führungs-, Leitungs- oder Steuerungsperson oder -personengruppe, die für die Stelle verantwortlich ist und auch die entsprechenden Befugnisse besitzt.

233. Welche Stellentypen gibt es aus der Perspektive des Befugnisumfanges?

Entscheidungsstellen (auch Instanzen genannt), Informations- und Beratungsstellen (auch Stäbe genannt) und Ausführungsstellen.

234. Wie kann man die Stellen nach dem formellen und materiellen Betriebsprozeß bilden?

a) Planungs-, Realisations- und Kontrollstellen nach dem formellen Betriebsprozeß.

b) Beschaffungs-, Produktions-, Absatz- und Finanzierungsstellen nach dem materiellen Betriebsprozeß.

235. Wie nennt man vergleichsweise Stellen von gleichem Range und von Rangunterschied?

Horizontale Stellen (ranggleiche Stellen) und vertikale Stellen (rangungleiche Stellen).

236. Welche organisatorische Beziehung ist zwischen der Anzahl von Personen und einer Stelle denkbar?

a) Pro Stelle eine Person. Manche Autoren sehen dies sogar als wesentlichstes Kriterium einer Stelle an.

b) Pro Aufgabe eine Person. Daraus ergibt sich:

c) Pro Aufgabe mehrere Personen, pro Stelle mehrere Personen.

237. In welcher Beziehung kann man die Stellen auf die Anzahl von Räumen verteilen?

a) Jede Stelle hat einen eigenen Raum.

b) In einem Raum befinden sich mehrere Stellen.

c) Eine Stelle befindet sich in mehreren Räumen.

4. Stellenverknüpfung

238. Welche Verknüpfungsbeziehungen gibt es zwischen den verschiedenen Stellen eines Unternehmens?

a) Anordnungsbeziehungen von oben nach unten.

b) Mitteilungsbeziehungen von oben nach unten und von unten nach oben

c) Meldebeziehungen von unten nach oben.

d) Arbeitsbeziehungen zwischen Gleichrangigen.

239. Welche zwei Richtungen von Stellenverknüpfungen gibt es?

Die horizontale Richtung als Verknüpfung horizontaler Stellen. Die vertikale Richtung als Verknüpfung vertikaler Stellen.

240. Welche Verbindungs- bzw. Verknüpfungsformen zwischen den Stellen können Sie sich vorstellen?

Koordination, Kooperation, Kombination, Integration.

241. Schildern Sie eine Stellenverknüpfung durch Kooperation!

a) Die Stellen bleiben völlig selbständig.

b) Eine Zusammenarbeit findet bei gemeinsamen Aufgaben statt (z. B. Arbeiter ausleihen, Hilfestellung).

c) Die Zusammenarbeit erfolgt dauernd oder nur zeitweilig.

d) Die Kooperation findet freiwillig, durch Erfahrung oder als Folge logischer Zwangsläufigkeit statt.

e) Die kooperative Verknüpfung ist horizontal und vertikal möglich.

242. Wie sieht die Koordination als Form der Stellenverknüpfung aus?
   a) Bei der Koordination findet eine Gleichschaltung der Stellenarbeit durch einen rationalen Aufgabenverbund statt.
   b) Die koordinative Verknüpfung ist eine planvolle Gestaltung von übereinstimmenden Handlungen.
   c) Die Koordination geschieht grundsätzlich horizontal.

243. Erklären Sie die Kombination als Form der Stellenverknüpfung!
   a) Bei der Kombination handelt es sich um Gemeinschaftsaufgaben.
   b) Kombination stellt eine Dauerverbindung dar.
   c) Kombiniert werden Unter- und Oberaufgaben, so daß die Kombination vertikal erfolgt.

244. Wie geschieht eine integrative Stellenverknüpfung?
   a) Zunächst bestehen Stellen mit einer gewissen Teilselbständigkeit.
   b) Durch die Integration wird ein Teil der Stellenautonomie an eine andere Stelle abgetreten.
   c) Integration geschieht durch einordnendes teilweises Unterordnen.
   d) Integration ist eine Art abhängiger Zusammenschluß.

C. Betriebsführung

5. Betriebsführungstheorie

245. Fassen Sie das Wort Unternehmungs- bzw. Betriebsführung weit und eng!
   a) Weit gefaßt ist Unternehmungsführung der gesamte Bereich von der Informationsgewinnung über die Ziel- und Handlungsentscheidungen bis zur Organisation und personellen Überwachung.
   b) Eng gefaßt ist Unternehmungsführung durch fundamentale Entscheidungen (Gründung, Erweiterungsinvestitionen, Einstellung von Leitungspersonal, Marktstrategie) gekennzeichnet.

246. Unterscheiden Sie Führung, Leitung und Steuerung!
   Führung hat fundamentalen Entscheidungscharakter. Leitung sorgt für die Durchsetzung der Entscheidungen. Steuerung überwacht die Realisation.

247. Was sind Befugnisse?
   Befugnisse sind das Recht und die Pflicht, übertragene Aufgaben

anordnen oder ausführen zu dürfen bzw. zu müssen. Es gibt Anordnungsbefugnisse und Ausführungsbefugnisse.

248. Ist die Unternehmensführung zuständig für die Organisation und die Kontrolle?

Grundsätzlich ist für die Organisation und die Kontrolle die Leitungs- und Steuerungsebene zuständig.

249. Was ist Verantwortung?

Die Verantwortung ist ein Zustand unter der Pflicht des Rechenschaftsgebens. Eine Person kann verantwortlich, verantwortungsvoll und verantwortungslos handeln.

250. Nennen Sie bedeutende Autoren, die zur Entwicklung der Betriebsführungstheorie beigetragen haben!

Schumpeter, Salin, Cartwrigt, Zander, White, Lippit, Kaan, Katz, Sandig, Gutenberg, Guido Fischer, Mellerowicz, Bender, Hasenack, Fayol, Taylor, Davis, Shephard.

6. Leitungssysteme

251. Was ist ein Führungsstil und welche Stilarten kennen Sie?

Führungsstil ist die Art und Weise, wie und in welchem Verhältnis zu den Ausführenden die Führungsanordnungen getroffen werden. Beim autoritären Führungsstil wird die Anordnung einseitig getroffen. Beim demokratischen Führungsstil sind mehrere Personen, evtl. sogar die Ausführenden selbst, an der Entscheidung mit beteiligt.

252. Unterscheiden Sie Direktorial- und Kollegialprinzip!

Nach dem Direktorialprinzip wird auf jeder Stufe des hierarchischen Leitungssystems die Anordnung von nur einer Person getroffen. Nach dem Kollegialprinzip trifft jeweils eine Gruppe von Personen die Anordnungen.

253. Worüber geben das Zentralisations- und Dezentralisationsprinzip als Entscheidungsmethoden Auskunft?

Nach dem Zentralisationsprinzip werden die Entscheidungen allesamt von einer einzigen Stelle getroffen. Nach dem Dezentralisationsprinzip werden die Anordnungen als Folge von Befugnisaufschlüsselung an verschiedenen Orten getroffen.

254. Beurteilen Sie fallweise und generelle Regelungen (Entscheidungen)!

Nach dem Prinzip der fallweisen Regelung werden die Anordnungen von Fall zu Fall getroffen und geben denjenigen, die die Anordnungsbefugnis haben, viel Anweisungsspielraum. Intuition und Zufall spielen eine große Rolle.

Nach dem Prinzip der generellen Regelungen findet eine Entindividualisierung des Leitungs- und Arbeitsprozesses statt. Die Prozesse werden schematisch, programmgemäß und formularmäßig erledigt. Der Anordnungsspielraum ist klein. Die Methode und die Ratio treten in den Vordergrund.

255. Vergleichen Sie Einliniensystem mit Mehrliniensystem!

Beim Einliniensystem (oft einfach Liniensystem genannt) besteht eine Anordnungsbefugnis von einer Person der jeweils höheren Ebene zu einer Person der jeweils niedrigeren Ebene.

Beim Mehrliniensystem (auch Funktionssystem genannt) können mehrere Personen der jeweils höheren Ebene getrennt Anordnungen an bestimmte Personen der jeweils unteren Ebene geben.

256. Welche Typen von Kollegialentscheidungen kennen Sie?

a) Beim Primatkollegium entscheidet in strittigen Fragen der primus inter pares (Sprecher) oder der für die Fachfrage Zuständige.

b) Beim Abstimmungskollegium entscheidet immer die Stimmenmehrheit. Das kann lt. Satzung die absolute oder die qualifizierte Mehrheit sein.

257. Was verstehen Sie unter einem Managementsystem?

Das sind bestimmte Ordnungen über die Führung und Leitung von Unternehmen.

258. Was ist das besondere Wesen des management by exceptions?

Das top management entscheidet nur in schwerwiegenden Ausnahmefällen. Die laufenden Führungsbereiche werden mittleren und unteren Leitungsbereichen delegiert.

259. Vergleichen Sie management by objectives mit management by systems!

Beim management by objectives setzt die Unternehmensführung bestimmte Ziele. Es ist den mittleren und unteren Leitungsstellen überlassen, mit welcher Methode sie diese Ziele erreichen. Vollzugsmeldung gehört zwangsläufig dazu.

Das management by systems ordnet jeder Führungs- und Leitungsstelle einen zu den Systemelementen der Unternehmung genau passenden Entscheidungs- und Befugniskatalog zu.

260. Was beinhaltet das management by innovations?

Die Führungsspitze beschäftigt sich mit Entwicklung und Forschung (immaterieller Vorbereitungsgrad) und leitet daraus die
Entscheidungen ab. Die Durchführung des Neuen und die Routine-
arbeit liegt in den Händen der niederen Leitungen und Steuerun-
gen.

III. Die Kontrolle mit Revision

A. Das Kontrollsystem

1. Kontrollformen

261. Woher wird das Wort „Kontrolle" abgeleitet und welche synonymen Begriffe kennen Sie?
Das Wort „Kontrolle" wird aus dem französischen „controlleur" abgeleitet und heißt eigentlich „Gegenschrift". Synonyme Begriffe sind Inspektion, Überwachung, Revision, Prüfung.

262. Man kann den Kontrollbegriff sehr weit fassen. Dann stößt man auf denkbare Kontrollfunktionen. Kennen Sie die 8 Kontrollfunktionen, die der Amerikaner Davis herausstellt?
a) Grundplanung (rooting planning)
b) Terminplanung (time scheduling)
c) Vorbereitung und Abstimmung (preparation)
d) Weiterleitung und Durchführung (dispatching)
e) Durchführungsleitung (direction)
f) Überwachung (supervision)
g) Vergleich (comparison)
h) Korrekturmaßnahmen (correctiv action)

263. Man kann den Kontrollbegriff als Teil des formellen Betriebsprozesses ansehen. Wie ist in diesem Falle die Kontrolle unterzubringen?
Der Planung folgt die Realisation, der Realisation folgt die Kontrolle.

264. Womit wird innerhalb eines kybernetischen Systems die Kontrolle gleichgesetzt?
Mit dem feed back system. Der Effektivwert wird mit dem vorgegebenen Erwartungswert verglichen. Im Falle der Deckungsungleichheit wird der nächste Effektivwert auf den Erwartungswert eingestellt (wie z. B. beim Heizungstermostat).

265. Welche Hauptmerkmale liegen der Kontrolle zu Grunde?
Die Kontrolle benötigt einen Maßstab, d. h. einen Soll- bzw. Vorgabewert. Die Kontrolle hat nur dann einen Existenzsinn, wenn es zur Durchführung des Geplanten kommt. Die Kontrolle bedarf des Vergleiches.[13]

---

13 Nach Auffassung des Verfassers sollte man besser von Elementen der Kontrolle statt von deren Merkmalen sprechen. Das letztgenannte ist jedoch literarisch üblich.

266. Unterscheiden Sie interne und externe Kontrolle mit der Feststellung, von wem diese durchgeführt werden können!

Interne Kontrolle liegt vor, wenn sie von betriebseigenen Kräften durchgeführt wird. Das können sein:

a) Leitungsorgane des top-, middle- und lower-management.

b) Stabstellen (vor allem von der Revisionsabteilung).

c) Kontrollkommissionen.

d) die Aufgabenträger selbst, die sich selber kontrollieren.

Externe Kontrolle liegt vor, wenn sie von Personen außerhalb der Unternehmung vorgenommen wird, und zwar von:

a) Kooperationsunternehmen (Konzernholding, Kartellspitze, Genossenschaften).

b) Wirtschaftsprüfern bzw. Wirtschaftsprüfungsgesellschaften.

c) Staatsstellen (Gewerbeämter, Finanz- und Zollämter, Kartellamt, Preisprüfungsstellen).

267. Welche Formen der Kontrolle kennen Sie aus der Perspektive ihrer Häufigkeit?

a) Kontinuierliche Kontrolle. Sie kann täglich (Kassenkontrolle), wöchentlich (Einkaufskontrolle), monatlich (Kostenkontrolle) und jährlich (Inventur) erfolgen. In jedem Falle handelt es sich aber um eine permanente Kontrolle.

b) Diskontinuierliche Kontrolle. Sie ist entweder nur einmalig, wie die Gründungskontrolle, oder sporadisch, wie die Unterschlagungskontrolle.

268. Ist Vollkontrolle, Globalkontrolle und Grobkontrolle dasselbe?

Nein. Die Vollkontrolle bezieht sich im Gegensatz zur Teilkontrolle auf das gesamte Planungs- und Realisationsobjekt. Sie spart nichts aus.

Die Globalkontrolle ist im Gegensatz zur Detailkontrolle grundlegend. Sie kontrolliert nur die Umrisse bzw. die Grundzusammenhänge.

Die Grobkontrolle arbeitet im Gegensatz zur Feinkontrolle mit groben, d. h. nicht exakten Kontrollziffern.

Alle drei Kontrollformen überschneiden sich voll. Jede Kontrolle kann sowohl Voll- oder Teilkontrolle, gleichzeitig aber auch Global- oder Detailkontrolle und zusätzlich noch Grob- oder Feinkontrolle sein.

269. Welche der vorgenannten Kontrollformen kommen meist kombiniert vor?

Meist ist die Vollkontrolle eine Global- und eine Grobkontrolle.

Ebenso finden sich oft zusammen die Teilkontrolle als Detail- und Feinkontrolle. Diese Kombinationen sind aber nicht zwingend.

270. Welche Kontrollformen gibt es, wenn man von den materiellen Betriebsprozessen aus geht?
Beschaffungs-, Produktions-, Absatz- und Finanzkontrolle.

2. Kontrollprozeß

271. Welche Zielfunktion liegt der Kontrolle zu Grunde?
Die Kontrolle hat letztlich das Ziel, sich auf das Ziel bzw. Zielsystem der Unternehmung und den damit verbundenen Zwecken bzw. Einzelaufgaben einzustellen.

272. In welcher zeitlichen und funktionalen Beziehung können Planung und Kontrolle zueinander stehen?
Ist die Kontrolle ein Überprüfungsinstrument, so folgt sie zeitlich der Planung und Realisation. Fungiert die Kontrolle als Determinante einer neuen Planung, so liegt sie zeitlich vor der (neuen) Planung. Sie nimmt dann nämlich die Erkenntnisse aus der Überwachungsfunktion und übergibt sie den Ideen und Entscheidungen der nächsten Planer. Wird die Kontrolle als Korrekturmittel eingesetzt, so läuft sie zeitlich parallel zur Planung. Die Kontrolle kann nämlich noch vor der endgültigen Realisation im Falle einer Änderung der Ausgangsdaten oder während der laufenden Realisation eingesetzt werden, um die Realisation elastisch zu halten und sich gegebenen Änderungen anzupassen.

273. Welche Anforderungen stellen Sie an die Kontrolle bzw. an den Kontrollprozess?
Die Kontrolle muß sich nach Menge, Wert, Orts- und Funktionsbereichen den entsprechenden Planungsgrößen zuwenden (Grundsatz der qualitativen Kongruenz). Man kann z. B. in der Planung nicht mit Anschaffungskosten rechnen und die Kontrolle mit Tageswerten ausrüsten.
Die Kontrolle muß sich auf dieselben Zeiträume beziehen wie die Planung (Grundsatz der zeitlichen Kongruenz).
Die Häufigkeit der Kontrolle muß die Häufigkeit der Planung sein. Einmal-Planung verlangt nach Einmal-Kontrolle. Mehrfach-Planung verlangt nach Mehrfach-Kontrolle.

274. Worauf bezieht sich die Aufbauplanung und demzufolge auch die Aufbaukontrolle?

a) Auf die Sach- und Vermögensstruktur der Unternehmung.

b) Auf die Kapitalstruktur, d. h. auf das Verhältnis und die Beziehung von Eigen- und Fremdkapital.

c) Auf die Personalstruktur, d. h. auf das Verhältnis von leitender und ausführender Arbeit, von körperlicher und geistiger Arbeit, von gelernter, angelernter und ungelernter Arbeit.

275. Ist Kontrolle und Information dasselbe?

Nein. Kontrolle vermittelt zwar zielorientierte und zweckgebundene Information, aber nicht jede Information hat Kontrollgehalt. Information kann auch Entscheidungs- bzw. Planungsgehalt besitzen.

276. Ist Kontrolle notwendig?

Da die Informationen primär die Grundelemente des Entscheidungsprozesses sind, kann die Kontrolle nur aus den Erfordernissen der Entscheidung bzw. Planung abgeleitet werden. Da die Erwartungswerte der Entscheidung nicht unbesehen identisch sind mit den Effektivwerten der Realisation, ist Kontrolle notwendig, um Abweichungen festzustellen und den Anlaß zu geben, nach den Gründen der Abweichung zu forschen. Diese liefern ihrerseits den Ansatz zur Beseitigung dieser Gründe.

277. Von welchem Grundgedanken geht der Notwendigkeitsbeweis aus, wenn die Kontrolle psychologisch, soziologisch oder sozialpsychologisch für notwendig erklärt wird?

Der Grundgedanke ist in der Hypothese enthalten:
Der Mensch arbeitet nur oder nur richtig und gleichmäßig, wenn er kontrolliert wird.

278. Wie stellt man heute einen Prozeß formal im Sinne der Kybernetik (Bewegungs- bzw. Prozeßlehre) dar?

Befehlsgröße $\longrightarrow$ Wirkstrecke $\longrightarrow$ Wirkungsgröße

279. Übertragen Sie die formale Prozeßdarstellung auf den Betriebsprozeß!

Planungsgröße $\longrightarrow$ Realisation $\longrightarrow$ Ergebnis

280. Bauen Sie die Kontrolle in den vorgenannten Leistungsprozeß mit dem Gedanken der Rückkoppelung (feed back system) ein!

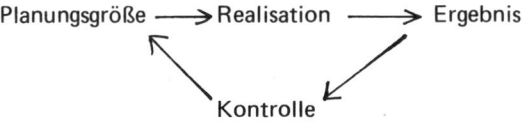

B. Die Kontrollgestaltung

3. Kontrollorganisation

281. Was verstehen Sie unter optimaler Kontrolle?

Kontrolle soll selber wenig Aufwand verursachen, aber einen hohen Erfolg bewirken. Man sollte also Kontrollverfahren wählen, die kostengünstig sind. Dennoch müssen diese Verfahren in der Lage sein, die Gründe von Soll-Ist-Abweichungen so festzustellen, daß ihre Beseitigung erfolgreich möglich ist.

282. Welches Informationsgesetz können Sie anwenden, damit die Kontrolle als eine wesentliche Type von Information optimal ist?

Das Gesetz des Informationserfolges einerseits, wonach ein Informationserfolg nur dann vorliegt, wenn der Informationsnutzen größer ist als die Informationskosten. Das Wirtschaftlichkeitsgesetz der Informationen andererseits, wie es unter 281. bereits grundsätzlich gefordert ist.

283. Welche beiden Extreme von organisierbaren Kontrollquantitäten kennen Sie?

Die Kontrolle kann lückenlos organisiert sein. In diesem Falle wird ein fehlerfreies Kontrollergebnis garantiert. Dieses kann aber kostspielig sein.

Auf eine Kontrollorganisation und -durchführung wird ganz verzichtet. Das kann für den Leistungsprozeß und die Wettbewerbsfähigkeit gefährlich werden.

284. Warum wird man in der Regel mit einer beschränkten Kontrolle (Stichprobenkontrolle) zufrieden sein?

Lückenlose Kontrolle ist zu teuer, sie ist nicht immer technisch möglich, sie ist zeitraubend bis zum Bekanntwerden ihres Ergebnisses. Das spricht für beschränkte (Stichproben-) Kontrolle.

285. Welchen Regelungsumfang muß man für die Kontrollorganisation bestimmen, wenn die Kontrolle stichprobenartig erfolgt?

a) Die Art der Stichprobenentnahme muß festgelegt werden (z. B. regelmäßige und sporadische Entnahme).

b) Die Größe des Stichprobenumfanges muß bestimmt werden.

c) Das Auswertungs- bzw. Kontrollverfahren muß passend angewendet werden.

Auf jeden Fall muß die Stichprobe repräsentativ für die unkontrollierte Restgesamtheit sein.

286. Unterscheiden Sie gedankliche von schriftliche Kontrolle!
    Die gedankliche Kontrolle geschieht ohne Verwendung von Hilfsmitteln. Soll- und Istwerte werden im Gehirn des Menschen gespeichert. Auch die Abweichungen werden im Gehirn festgelegt und analysiert. Der schriftlichen Kontrolle ist zwar der gedankliche Prozeß vorgeschaltet, es werden aber noch weitere Datenträger (Planstatistiken, Realisationsaufzeichnungen, Kontrollberichte) hinzugefügt.

287. Auf welche Weise kann Kontrolle zentral organisiert werden?
    a) Zentral nach der Phase. Neben einer Planungs- und Realisationsstelle gibt es *eine* zentrale Kontrollstelle.
    b) Zentral nach dem hierarchischen Rang. Kontrolle wird zentral nur von den Instanzen (= Entscheidungsstellen), nicht von Leitungs-, Steuerungs- und Ausführungsstellen vorgenommen.
    c) Zentral nach dem Verrichtungsbereich. Der Absatz, die Beschaffung, die Produktion und die Finanzierung haben je eine zentrale Kontrollstelle. In gewissem Sinne ist dies auch schon eine Form der dezentralen Kontrolle.

288. Auf welche Stellen kann im hierarchischen Aufbausystem einer Unternehmung die Kontrollaufgabe zugeteilt werden?
    a) Auf Entscheidungsstellen (Instanzen).
    b) Auf Leitungs- und Steuerungsstellen (Überwachung).
    c) Auf Informations- und Beratungsstellen (Stäbe).
    d) Auf Ausführungsstellen (Realisations- bzw. Erfüllungsträger).

289. Was ist eine Kontrollspanne (span of controll)?
    Das ist der Umfang an Kontrolle, den man für den Kontrollierenden festlegt.

290. Welche Umfangskritierien müssen für eine Kontrollspanne bestimmt werden?
    Der Zeitraum der Kontrolle, die Häufigkeit der Kontrolle, die Anzahl der zu kontrollierenden Personen, die Bezeichnung (Begrenzung) der zu kontrollierenden Tätigkeiten (Aufgaben).

4. Kontrollaufgaben

291. Wer bestimmt den Gesamtumfang und die Methoden der Kontrolle?
    Die Entscheidungsstellen (Instanzen).

292. Auf wen können Entscheidungsstellen die Kontrollaufgabe (d. h. die Tätigkeit des Kontrollierens) delegieren?

a) Auf die Leitungs- und Steuerungsstellen des middle- und lower-management.

b) Auf die Ausführungsstellen (Selbstkontrolle).

c) Auf Stäbe.

293. Was sind Stäbe?

Informations- und Beratungsstellen. Stäbe können auch (nach Kosiol) als Entscheidungshilfsstellen bezeichnet werden.

294. Welche Gründe für die Delegation von Kontrollaufgaben an Stäbe erkennen Sie?

a) Instanzen sollen von Kontrollaufgaben befreit werden. Diese Entlastung bewirkt, daß sie sich ihrer ureigenen Aufgabe, nachzudenken, zu planen und zu entscheiden widmen können.

b) Delegation der Kontrolle auf Stäbe stellt eine Vereinfachung der Kommunikationsvorgänge dar und beinhaltet sozusagen die Kontrolle der Kontrolle.

c) In Stäben können Fachleute eingesetzt werden, die nach dem Prinzip der Arbeitsteilung zu erfolgreicheren Ergebnissen kommen.

295. Welches ist die in den meisten Unternehmungen bestehende und bekannteste Stabstelle mit Kontrollfunktionen?

Die interne Revision (Revisionsabteilung).

296. Unterscheiden Sie interne Revision und Controller!

Interne Revision ist eine typische deutsche Einrichtung. Sie ist als reine kontrollierende Stabstelle organisiert. Der Controller ist eine angloamerikanische Einrichtung, die keine reine Stabstelle ist, vielmehr den Charakter einer Leitungsstelle hat.

297. Welche Grundaufgaben hat die interne Revision?

a) Sie ermittelt, ob die plandende und durchführende Unternehmungstätigkeit richtig und zweckmäßig abgewickelt wurde.

b) Sie ermittelt, ob das interne Kontrollsystem richtig und vollständig funktioniert hat.

298. Welche Auswirkungen sind durch die Grundaufgaben der internen Revision zu erwarten?

a) Eine dedektivische Auswirkung. Es werden vorhandene Fehler aufgedeckt.

b) Eine präventive Auswirkung. Die bloße Existenz der Revision ist in der Lage, Fehler zu verhindern.

299. Unterscheiden Sie Wirtschaftsprüfung und interne Revision!
Wirtschaftsprüfung ist extern. Sie ist für bestimmte Unternehmungen gesetzlich vorgeschrieben. Sie bedient sich meist des Rechnungswesens und ist sogar darauf bezogen. Interne Revision ist intern. Sie geschieht freiwillig und bezieht sich auch auf andere Bereiche als das Rechnungswesen.

300. Mit welchen zusätzlichen Aufgaben wird die interene Revision sehr oft belastet?
Mit Organisationsaufgaben und Begutachtungen.

2. Teil: Die materiellen Betriebsprozesse als Denkprogramm

I. Die Beschaffung

A. Die Bestellung

1. Einkauf

301. Was sind materielle Betriebsprozesse?
Das sind die aufgabenerfüllenden Ereignisse der betrieblichen Leistung. Das sind koordinierbare Grund- bzw. Gesamtaufgaben eines Unternehmens.

302. Welche wesentlichen materiellen Betriebsprozesse kennen Sie?
Beschaffung, Produktion, Absatz und Finanzierung. Die ersten drei Prozesse ergeben sich als reale Leistungsphasen eines hintereinandergeschalteten Prozesses. Die Finanzierung kann man als alles umrahmende Nominalphase dieses Prozesses ansehen.

303. Welches sind die Objekte der Beschaffung, d. h. was wird von der Unternehmung eingekauft bzw. bestellt?
Im weitesten Sinne gehören neben den Werkstoffen auch die Menschen (Arbeitskräfte), Betriebsmittel (Investitionsgüter), Büromaterial und Kantinenprodukte evtl. sogar auch das Finanzkapital für den Beschaffungsprozeß.

304. Wir wollen hier nur die Werkstoffe als Beschaffungsobjekte ansehen. Was sind Werkstoffe und aus welchen Typen setzen sie sich systematisch betrachtet zusammen?
a) Werkstoffe sind die für die Fertigung benötigten Materialien.
b) Man teilt die Werkstoffe meist in Roh-, Hilfs- und Betriebsstoffe ein. Dabei haben Rohstoffe und Hilfsstoffe gemeinsam, daß sie in das Produkt eingehen. Rohstoffe sind der nach Quantität und Wert gemessene wesentliche Materialteil der Erzeugnisse (z. B. Holz bei Möbelherstellung). Hilfsstoffe sind von untergeordneter Bedeutung (Leim und Schrauben bei Möbelherstellung z. B.). Betriebsstoffe sind Materialien und Energien, die der Produktion dienen. Sie gehen nicht in das Produkt ein.

305. Versetzen Sie sich in eine Schuhproduktion. Ordnen Sie die folgenden Materialien auf die Bestellungsgüter Roh-, Hilfs- und Betriebsstoffe zu: Nägel, Schuhriemen, Leder, Ösen, Gummisohlen, Putzmittel für die Schuhmaschine, Energieverbrauch der Schuhmaschine!
Antwort vgl. Seite 176

306. Spielen juristische Faktoren eine Rolle für die Bestellung?
Ja. Das gilt vor allem für die Liefersicherheit einerseits und die Vertragsbedingungen andererseits. Konstngünstige Einkaufsmöglichkeiten taugen auf die Dauer nichts, wenn der Lieferant ein unsicherer Unternehmer ist. Wegen der langfristigen eigenen Investitionen, die nach bestimmten Rohstoffen verlangen und wegen der eigenen Absatzversprechen, ist es notwendig, einen sicheren Lieferanten zu haben.
Die Vertragsbedingungen spielen als Lieferungs- und Zahlungsbedingungen eine juristische und wirtschaftliche Rolle.

307. Wie kann man die Lieferung bzw. den Einkauf der Materialien sichern?
a) Durch feste Lieferverträge mit Konventionalstrafen bei Nichterfüllung oder nicht rechtzeitiger Lieferung.
b) Durch Beteiligung an den Lieferfirmen.
c) Durch Eigenproduktion der Werkstoffe.

308. Unterscheiden Sie Beschaffung, Bestellung und Einkauf!
a) Beschaffung ist die betriebliche Grundaufgabe, wie sie neben Absatz, Produktion und Finanzierung besteht. Beschaffung ist ein Prozeß.
b) Die Beschaffung als materieller Betriebsprozeß besteht aus Teilprozessen. Die Bestellung ist der eine und die Lagerung der andere organisierte Teilprozeß.
c) Unter Einkauf versteht man die praktische und personell zugeordnete Tätigkeit. Während Beschaffung das Gegenstück von Absatz ist, gilt Einkauf als das Gegenstück von Verkauf.

309a Warum sind die äußere und innere Erscheinung (Aussehen, Qualität) der Werkstoffe wichtig für die Bestellung?
Je mehr es sich bei einem späteren Erzeugungs- und Absatzgut um ein sichtbares Gut handelt (Konsumgüter, Prestigeinvestitionen) und je mehr vom verarbeiteten Werkstoff im Fertiggut zu sehen ist, um so wichtiger ist für die Bestellung bzw. für den Einkäufer die Beachtung der äußeren Erscheinungen der Werkstoffe (Aussehen, Farbe, Form).

Je zweckgerichteter ein Werkstoff verwendet wird, je größer der Anspruch an ihn im Fertiggut gestellt ist, um so wichtiger ist die Kenntnis über die inneren Erscheinungen (Zerreißbarkeit, Kälte- und Wärmebeständigkeit, organischer und anorganischer Elementecharakter).

309b. Welche Ansprüche ergeben sich aus den bislang erfahrenen Tatbeständen an die Eigenschaften eines Einkäufers?
Antwort Seite 176

309c. Da sich der Beschaffungsprozeß aus der Bestellung und der Lagerung zusammensetzt, ergibt sich die berechtigte Frage, aus welchen Bestandteilen die Beschaffungskosten von Werkstoffen bestehen?

a) Aus den Bestellungskosten, wie Rechnungspreis und Bestellungsnebenkosten. Sie werden von den Einkäufern zusammengetragen.

b) Aus den Lagerungskosten, wie Kosten der Lagereingangskontrolle, Pflege- und Verwaltungskosten, vor allem aber Kapitalbindungskosten (Zinsen des im Lagerwert gebundenen Kapitals). Sie werden von der Lagerverwaltung ermittelt.

309d. Nennen Sie wichtige Bestellungs- (Einkaufs-) Nebenkosten!
Antwort vgl. S. 176

310. Welchen Verlauf nehmen die Rechnungspreise und Nebenkosten, die man zusammen als Bestellungskosten (K_B) bezeichnen kann, bei steigender Abnahmemenge?
Grundsätzlich fallenden Verlauf.

311. Nehmen die Lagerungskosten ebenfalls fallenden Verlauf bei steigender Lagermenge an?
Nein. Lagerungskosten (K_L) haben, vor allem wegen der zunehmenden Kapitalbindung, bei steigender Lagermenge steigenden Verlauf.

312. Beschriften Sie die noch nicht beschriftete Achse des nachstehenden Koordinatensystems und die beiden Kurven darin!

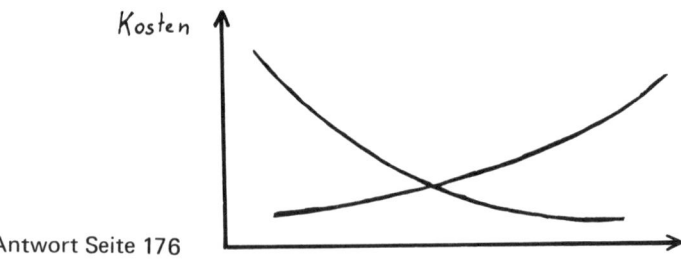

Kosten

Antwort Seite 176

313. Konstruieren Sie aus den beiden Kurven des vorangegangenen Bildes eine einzige (additive) Kurve (K_K) und kommentieren Sie diese Kurve.
Antwort Seite 176

314. Was ist eine optimale Bestellmenge und wo findet man sie bei graphisch mathematischer Betrachtung?
   a) Die optimale Bestellmenge ist die Werkstoffquantität, bei der pro Werkstoffeinheit die geringsten Beschaffungskosten (Bestellungs- und Lagerungskosten) entstehen.
   b) Die optimale Bestellmenge ist dort gegeben, wo eine gemeinsame Kurve aus Bestellungskosten (Rechnungspreis und Nebenkosten) und Lagerungskosten (Pflege-, Verwaltungs-, Kapitalbindungskosten) ihren Tiefpunkt erreicht hat. (Warnung: Dies ist nicht etwa der Fall, wo die beiden Kurven sich schneiden, sondern dort, wo das Fallen der einen Kurve aufgehoben wird durch das Steigen der anderen Kurve.)

315. Kennen Sie eine algebraische Bestimmungsmöglichkeit der optimalen Bestellmenge (M_{Bo})?

$$M_{Bo} = \sqrt{\frac{2 \cdot \text{Jahresbedarf} \cdot \text{feste Bezugskosten je Bestellung}}{\text{Zins- + sonstige Lagerkosten}}}$$

2. Lagereingangskontrolle

316. Überlegen Sie! Haben nur Betriebe mit einer eigenen Lagerhaltung eine Lagereingangskontrolle?
Antwort Seite 176

317. Ist Liefermenge und Bestellmenge dasselbe?
Nein. Die Bestellmenge ist Ausdruck einer Bestellung (eines Auftrages). Sie ist Inhalt eines Vertrages. Sie entscheidet auch über den Rechnungspreis und die Nebenkosten.
Die Liefermenge ist die vom Lieferanten geschlossen abgesandte Menge an einem bestimmten Materialeingangstage. Die Liefermenge ist es, die der Lagereingangskontrolle unterliegt.

318. Warum ist Lagereingangskontrolle (Einkaufskontrolle, Liefermengenkontrolle, Wareneingangskontrolle) wichtig?
Antwort Seite 176

319. Kommentieren Sie die Aufforderung „Sendungs- statt Öffnungskontrolle"!

Wenn Materialien bzw. Waren eintreffen, dann sollte die Sendung nicht sofort geöffnet werden. Es sollte zunächst kontrolliert werden, ob die Sendung auch für den Betrieb bestimmt ist. Im verneinenden Falle ist die Annahmeverweigerung noch möglich und leichtere Rücksendung denkbar. Im bejahenden Falle könnte sich eine äußere Beschädigung erkennen lassen. Öffnen unter Zeugen erleichtert die Beweisführung für die Reklamation.

320. Welche doppelte Bedeutung hat das Wort „Vollkontrolle"?

a) Vollkontrolle beim Materialeingang kann bedeuten, daß die gesamte Sendung, Stück für Stück geprüft wird.

b) Vollkontrolle kann aber auch bedeuten, daß der Lieferschein, der Sendungsinhalt, der Durchschlag der eigenen Bestellung und die Eingangsrechnung miteinander verglichen werden.

321. Erklären Sie unter Rücksichtnahme auf die Frage 320., wie man „Teilkontrolle" meinen und organisieren kann?
Antwort Seite 177

322. Nennen Sie Vor- und Nachteile beim organisatorischen Vergleich von 320a. mit 321a.!
Antwort Seite 177

323. Nennen Sie Vor- und Nachteile beim organisatorischen Vergleich zwischen 320b. und 321b.!
Antwort Seite 177

324. Unterscheiden Sie Kontroll- und Vergleichsverfahren als Methodenentscheidung der Lagereingangskontrolle!

Beim Vergleichsverfahren wird progressiv geprüft, d. h. vom Bestellungsdurchschlag zum Sendungsinhalt. Zuerst der Blick auf den Bestellungsdurchschlag oder Lieferschein, dann der Blick in die Sendung.

Beim Kontrollverfahren wird regressiv geprüft, vom Sendungsinhalt zum Bestellungsdurchschlag. Erst der Blick in die Sendung, dann der Sucherblick auf den Bestellungsdurchschlag oder Lieferschein.

325. Warum halten Sie das Vergleichsverfahren psychologisch für unklug im Vergleich zum Kontrollverfahren?
Antwort Seite 177

B. Die Lagerung

3. Lagerorganisation

326. Vergleichen Sie zentrale und dezentrale Lagerstandorte!
Das Zentrallager enthält alle Werkstofftypen und auch die fremdbe-
zogenen Fertigteile, die für die Produktion benötigt werden. Das
gleiche gilt für die zentralen Warenläger von Groß- und Einzelhand-
lungen im Hinblick auf den Verkauf..
Dezentral eingerichtete Läger enthalten örtlich getrennt gleiches
oder unterschiedliches Material.

327. Welche Vorteile sind mit einer zentralen Lagerung verbunden?
Einheitliche Kontrolle, Überwachung, Pflege und Bestellung ist
möglich. Die zentrale Arbeitsvorbereitung wird erleichtert.

328. Sehen Sie auch Nachteile einer zentralen Lagerhaltung?
Der Lagerraum muß entsprechend groß sein. Vom Grundstück und
von der Bauweise her ist nicht immer Platz dazu. Der Abtransport-
weg an die Arbeitsplätze kann sehr weit und teuer sein.

329. Nach welchen Kriterien kann man eine Entscheidung darüber treffen,
ob eine zentrale oder dezentrale Lagerhaltung betrieben werden soll?
Kriterien sind:
a) die räumliche Betriebsgröße
b) die Vielzahl der Materialtypen
c) die örtlich getrennte Verwendung der verschiedenen Materialtypen.

330. Konstruieren Sie die vorgenannten Kriterien durch Zusammenfügung
dergestalt, daß sich eine dezentrale Lagerhaltung als sinnvoll erweist!
Antwort Seite 177

331. Wann sind die Lagerraumgrößen optimal?
Die Lager sind dann größenoptimal, wenn:
a) die optimale Bestellmenge untergebracht werden kann.
b) das Lager groß genug ist auch den eisernen und spekulativen Bestand unterzubringen.
c) die Unterbringung der Werkstoffe bzw. Waren ordentlich möglich ist.

332. Nennen Sie Forderungen an die ordentliche Lagerung der Werkstoffe!
a) Die Lagerung muß übersichtlich sein, damit man die Werkstoffe
leicht finden und zählen kann.

b) Es muß ein unfall- und hemmungsfreier An- und Abtransport der Materialien möglich sein.

c) Die Lagerung muß produktadäquat möglich sein. Man denke an helle, dunkle, warme, kühle, trockene oder feuchte Lagerung, je nachdem wie es der Materialtyp und seine Haltbarkeit verlangen.

333. Welche Nachteile entstehen, wenn die Forderungen nach einer ordentlichen Lagerung nicht erfüllt werden?
Antwort Seite 177

334. Was verstehen Sie unter Skontration in Hinsicht auf die Lagerbuchführung?
Durch die Skontration werden — ausgehend von den Anfangsbeständen — alle Zugänge nach Art und Menge (evtl. auch Wert) hinzugezählt und alle Abgänge abgezogen. Durch Saldierung auf den Skontrationskarten (Lagerkartei) lassen sich die rechnerischen Zwischenbestände ermitteln, die nicht unbedingt mit den effektiven Beständen übereinstimmen müssen.

335. Welche Ursachen kann es dafür geben, daß der errechnete Werkstoff-(Waren-)bestand nicht mit dem effektiven, durch Inventur ermittelbaren Bestand übereinstimm?
Antwort Seite 177

336. Wie stehen Stücklisten und Materialentnahmescheine zueinander?
Stücklisten enthalten den geplanten Materialverbrauch nach Art und Menge. Sie werden aufgrund der Angaben des Herstellungsplanes erstellt. Die Stücklisten können als Grundlage des Einkaufes benutzt werden. Die Materialentnahmescheine werden von der Arbeitsplanung (speziellen Arbeitsvorbereitung) aufgrund der Stücklisten ausgestellt. Sie sind Berechtigungsscheine für die einzelnen Fertigungsstätten, sich dieses Material aus dem Lager entnehmen zu können oder liefern zu lassen.

337. Sehen Sie einen Zusammenhang zwischen Materialentnahmescheinen und Buchführung?
Antwort Seite 177

4. Materialbereitstellung

338. Unterscheiden Sie eisernen und spekulativen Bestand!
Der eiserne Bestand wird gehalten für außergewöhnliche unplanbare Ereignisse (z. B. Katastrophenfälle, die eine rechtzeitige Lieferung der Normalbestellungen unmöglich machen). Der spekula-

tive Bestand wird gehalten ebenfalls für außergewöhnliche, aber dennoch einplanbare Ereignisse (z. B. mit gewisser Sicherheit erwartete Preissteigerungen der Werkstoffe).

340. Wie nennt man den Lagerbestand, den man für den laufenden normalen Leistungsverbrauch benötigt, der ständig verbraucht und wieder neu aufgefüllt wird?
Normaler Verbrauchsbestand.

341. Wie stellt ein Betrieb Material (Werkstoffe, Waren) zur Leistung oder zum Verkauf bereit, wenn er kein eigenes Lager unterhält?
a) Industriebetriebe müssen dafür sorgen, daß die bestellte Anlieferung fertigungssynchron erfolgt, damit es keine Produktionsstockungen gibt.
b) Handelsbetriebe können nach Muster oder Katalog verkaufen und die Lagerhaltung den Erzeugern überlassen.

342. Was sind Betriebe mit unselbständigen Lägern?
Bei solchen Betrieben befinden sich die Läger direkt am Arbeitsplatz. Dadurch ist eine gewisse, wenn auch kleine Vorratshaltung möglich.

343. Nehmen Sie an, während einer bestimmten Zeit t_0 bis t_2 findet kein Zugriff auf den eisernen Bestand (E) statt. Nehmen Sie ferner an, daß es in dem Zeitraum t_0 bis t_1 auch keinerlei Entnahme aus dem spekulativen Bestand (S) gibt. Der spekulative Bestand wird jedoch im Zeitraum t_1 bis t_2 vollständig und gleichmäßig verbraucht. Zeichnen Sie in das nachstehende Koordinatensystem die genannten Bestände und ihren Verbrauch!

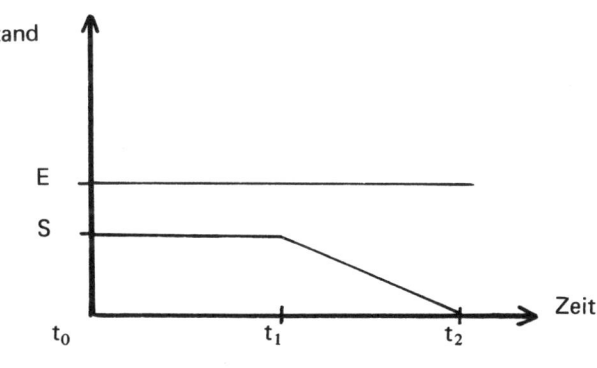

Antwort vgl. Seite 178

344. Welche Funktion zwischen Zeit und Verbrauch besteht beim normalen Verbrauchsbestand, wenn der Betrieb regelmäßig produziert?
Die Funktion ist gleichmäßig fallend.

345. Nehmen Sie an, daß die Produktion im Zeitraum t_0 bis t_2 (das sind zwei Monate) so geschieht, daß der normale Verbrauchsbestand (V) (das sind 1.000,– Tonnen) restlos verbraucht ist. Die Lieferzeit des Lieferanten beträgt 15 Tage.

  a) Wann muß eine neue Bestellung aufgegeben werden, damit die Bestellmenge an dem Tage eintrifft, an dem der ursprüngliche normale Verbrauchsbestand von 1.000,– Tonnen verbraucht ist?

  b) Zeichnen Sie in einem Koordinatensystem auf der x-Achse die Zeit und auf der y-Achse den normalen Verbrauchsbestand. Stellen Sie die Funktion (den Verlauf) des Verbrauches dar und zeigen Sie den Zeitpunkt der notwendigen Neubestellung ein!
  Antwort Seite 178

346. Wie nennt man den unter 345 b) gefundenen Bestellungszeitpunkt?
Kritische Bestellzeit.

347. Wie hoch ist der normale Verbrauchsbestand noch (sog. optimale Meldemenge) im Zeitpunkt der kritischen Bestellzeit für den Fall der unter 345. genannten Zahlengrößen?
Antwort Seite 178

II. Die Produktion

A. Die Produktionswirtschaft

1. Produktionsplanung und Produktionsdurchführung

348. Unterscheiden Sie Produktionsbreite und Produktionstiefe!
Die Produktionsbreite entscheidet darüber, wieviele Produkttypen in einem Betriebe hergestellt werden (Fahrräder und Kinderwagen z. B.). Die Produktionstiefe entscheidet darüber, wie weit sich der einzelne Betrieb an der volkswirtschaftlichen Arbeitsteilung beteiligt.

349. Wie nennt man eine Unternehmung, die nur einen Produkttyp an den Markt bringt vergleichsweise zu einer Unternehmung, die eine größere Produktionsbreite aufweist?
Einproduktunternehmen im Vergleich zu Mehrproduktunternehmen.

350. Decken sich Absatz- und Produktionsprogramm immer?
Nein. Eine Unternehmung kann durch Zu- und Weiterkauf von Produkttypen ein größeres Absatzprogramm haben als durch eigene Produktion ihr Produktionsprogramm groß ist.

351. Vergleichen Sie Produktvariation mit Produktdifferenzierung!
Bei der Produktvariation handelt es sich darum, daß von einem Produkttyp verschiedene Variationen (Farben, Dimensionen, Kombinationen) zeitlich nacheinander an den Markt gebracht werden. Produktdifferenzierung geschieht dadurch, daß die genannten Variationen gleichzeitig an den Markt gebracht werden.

352. Bilden Sie ein Beispiel für Produktvariation und Produktdifferenzierung!
Antwort Seite 178

353. Was ist eine Diversifikation?
a) Bezieht man die Diversifikation auf die Produkte, so ist sie identisch mit der Produktvariation und Produktdifferenzierung.
b) Man kann die Diversifikation aber auch auf die Ortsbereiche des Marktes und auf die verschiedenen Abnehmerkreise beziehen.

354. Erklären Sie
    a) ein geographisch bedingtes
    b) ein auf Abnehmergruppen orientiertes
    Beispiel für eine Diversifikation!
    Antwort Seite . . .

355. Nennen Sie Fertigungstechnologien und Fertigungsmethoden!
    a) Handarbeit, Maschinenarbeit (Fertigungstechnologie)
    b) Einzel-, Serien-, Massenfertigung (= Fertigungsmethoden).

356. Welches ist die geringste Produktionstiefe, die ein Betrieb aufweisen kann?
    Die Produktion eines Montagebetriebes, der alle Zusammensetzteile seines Absatzerzeugnisses kauft. Seine einzige Produktionstätigkeit ist die Zusammensetzung.

357. Beurteilen Sie die geringe Produktionstiefe!
    Wenig fixe Kosten. Geringes Risiko. Anpassungsfähig. Geringe Lagerhaltung. Geringer Gewinn, weil die vorstufigen Gewinne der Zukaufprodukte von den Leistungsstufen davor kassiert werden.

358. Versuchen Sie ein Beispiel für eine sehr große Produktionstiefe!
    Antwort Seite 179

359. Beurteilen Sie vergleichsweise zu den beiden vorangegangenen Fragen die betriebliche Situation einer großen Produktionstiefe!
    Antwort Seite 179

360. Ist Produktplanung und Produktionsplanung dasselbe?
    Nein. Die Produktplanung bezieht sich auf das Aussehen und die Eigenschaften des zu erzeugenden Produktes. Die Produktionsplanung umschließt die Entscheidung über die Produktionsbreite, die Produktionstiefe und über den Produktionsablauf.

361. Was verstehen Sie unter Marktperiode?
    Das ist der Zeitraum, in dem ein Produkt am Markte lebt bzw. dort Absatzchancen hat.

362. Stellen Sie sich vor, was im Vergleich zu einer Marktperiode eine Produktperiode ist!
    Antwort Seite 179

363. Warum ist eine Produktionsplanung notwendig?
    Um Leerläufe zu vermeiden, um vollbeschäftigt zu sein, um die Kosten so niedrig und den Ertrag so hoch wie möglich zu gestalten, um nicht auf den hergestellten Gütern sitzen zu bleiben.

364. Worin besteht der Unterschied zwischen allgemeiner und spezieller Arbeitsvorbereitung?

Die allgemeine Arbeitsvorbereitung legt die Anlagen, speziell die Maschinen, fest, wie sie nach Art, Menge und Ausstattung beschafft und im Betrieb geordnet aufgestellt werden. Die spezielle Arbeitsvorbereitung legt im einzelnen nachträglich fest, welche Werkzeuge und sonstigen Betriebsmittel benötigt werden, um das geplante Produktionsverfahren Wirklichkeit werden zu lassen; aber auch der Arbeitseinsatz und die Produktionsreihenfolge werden geplant und das Material beschafft.

365. Sehen Sie einen Unterschied zwischen Produktions- und Fertigungsprogramm?

Das Produktionsprogramm legt ganz allgemein fest, was überhaupt produziert werden soll (Autos oder Seife, wenn Autos, ob LKW oder PKW oder beides). Das Fertigungsprogramm legt im einzelnen fest, was zu welcher Zeit mit welchen Mitteln hergestellt werden soll (Damenschuhe, und zwar Lackschuhe das ganze Jahr über. Winter-Herrenstiefel von August bis November).

366. In welcher Beziehung stehen Arbeitsvorbereitung und Fertigungsweise?

Bei der einheitlichen Massenfertigung spielt fast ausschließlich die allgemeine Arbeitsvorbereitung eine Rolle. Bei der unterschiedlichen Einzelfertigung kommt fast nur die spezielle Arbeitsvorbereitung zum Zuge. Bei der Sorten- und Serienfertigung sind beide Arten der Arbeitsvorbereitung wichtig.

367. Welche Aufgaben hat der Herstellungsplan?

Er bestimmt das Herstellungsverfahren und Art, Umfang, Aussehen, Zusammensetzung und Qualität des herzustellenden Erzeugnisses.

368. Welche Bedeutung haben Zeichnung und Stückliste für den Herstellungsplan?

Sie sind die technischen Hilfsmittel. Die Zeichnung beschreibt bis ins kleinste das herzustellende Erzeugnis und die Stückliste nimmt den planerischen Stoffverbrauch auf.

369. Welchen Zweck erfüllt der Arbeitsplan?

Er legt die Reihenfolge der Arbeiten und die Zeit, in der die Arbeit getan werden soll, fest. Er sorgt dafür, daß die richtige Arbeiterzahl und die richtigen Arbeiter zur rechten Zeit an der rechten Stelle zur Arbeitsleistung zur Verfügung stehen.

370. Wie zerlegt man die Arbeitsvorgänge?

In Arbeitsstufen, Arbeitsgriffe und Arbeitsgriffelemente.

371. Welchen Zweck hat die Zerlegung der Arbeitsvorgänge?

Sie soll eine Arbeitsunterweisung leichter möglich machen und die genaue Zeitermittlung für die Arbeitsleistungen ermöglichen.

372. Welche Zeitgrößen unterscheidet man bei der Aufstellung des Arbeitsgangzerlegung? Beachten Sie die Frage 370.

Grundzeiten, Stückfolgezeiten, Stückverlustzeit, Stücknebenzeit, Rüstzeit.

373. Kommentieren und Ordnen Sie folgende Begriffe und Tätigkeiten eines Arbeitsvorganges!

Sacktragen	Zupacken	rechte Hand am Sackzipfel
		linke Hand in Bodenlage
	Anheben	linke Hand stemmen
		rechte Hand reißen
	Schulterauflage	rechter Ellenbogen winkeln
		linker Ellenbogen drücken
Antwort Seite 179		

374. Was versteht man unter Rüstzeit?

Das ist die Zeit, die am Arbeitsplatz benötigt wird, um die Vorbereitungen zu treffen, damit mit der reinen Arbeitsleistung begonnen werden kann.

375. Nennen Sie Vorarbeiten, die eine Rüstzeit ergeben!

Antwort Seite 179

376. Welches Ziel verfolgt man mit einem industriellen Produktionsprozeß?

Das Ziel ist die Gewinnung und Umformung von Gütern.

377. Welche wirtschaftlichen Aufgaben sind mit dem industriellen Produktionsprozeß verbunden?

Die Aufgaben, rentabel, wirtschaftlich und produktiv zu sein.

378. Welche Arten des Produktionsvollzuges gibt es?

Es gibt einen gleichen Produktionsvollzug für alle zu erstellenden Produkte (bei einheitlicher Massenfabrikation), den stetig wechselnden Produktionsvollzug (bei unterschiedlicher Einzelfertigung) und einen Produktionsvollzug mit einer Gabelung, der bis zur Gabelung einheitlich ist und ab da wechselt (bei Serien- und vor allem Sortenfertigung).

379. Welche Fertigungsmethoden kennen Sie?
Mehrfachfertigung und Einzelfertigung. Bei der Mehrfachfertigung unterscheidet man zwischen Massenfertigung (einheitliche und wechselnde) und Reihenfertigung (Sorten- und Serienfertigung). Bei der Einzelfertigung unterscheidet man kurzfristige (Spezialmaschinen) und langfristige (Brückenbau z. B.).

380. Welche Produktionsverfahren gibt es?
Fließfertigung, Werkstattfertigung und Baustellenfertigung.

381. Erklären Sie das Taylorsystem?
Die Arbeitsgänge werden bis ins kleinste zerlegt, dadurch vermehrter Maschineneinsatz. Berufliche Auslese findet statt. Festlegung von Elementarzeiten, errechnet aus der Leistung des besten Arbeiters. Entlohnung nach dem Differentiallohnsystem. Der Erfolg fließt allein den Unternehmern zu.

382. Wodurch unterscheidet sich der Fordismus vom Taylorsystem?
Technisch betrachtet handelt es sich beim Fordismus um ein erweitertes Taylorsystem, ausgedehnt bis zur Fließfertigung. Jeder Arbeiter hat nur noch spezielle Handgriffe in automatischer Reihenfolge zu leisten. Über Kostensenkung soll eine Preissenkung erfolgen. Dadurch höherer Umsatz. Die Arbeiter sollen am Erfolg beteiligt werden.

383. Was will das Refa-System?
Die Arbeitsprozesse werden in Stufen, Griffe und Griffelemente zerlegt. Die Arbeitszeiten werden in Grund-, Stück-, Rüst-, Verlust- und Folgezeit aufgeteilt und bewertet. Dadurch wird die Vorgabezeit genau festgelegt. Die Vorgabezeit ist nicht wie bei Taylor Best-, sondern Durchschnittszeit, entspringt also der Durchschnittsleistung. Daneben sucht das Refa-System noch rationale und neuerdings auch humane Arbeitsgestaltungsformen.

384. Welches sind die Faktoren der Leistungsbereitschaft bei den Arbeitern, die schließlich das tragende Element des Produktionsvollzuges sind?
Der L e i s t u n g s w i l l e (hängt ab vom Lohn und von sittlichen Werten), die L e i s t u n g s f ä h i g k e i t (hängt ab von Wissen und Können der Arbeiter einerseits und von Art und Umfang der Maschinen und Werkzeuge andererseits) und die L e i s t u n g s - g e w o h n h e i t.

385. Für eine bestimmte Leistung benötigen:

	Arbeiter A Minuten	Arbeiter B Minuten
Montag	30	25
Dienstag	25	27
Mittwoch	31	24
Donnerstag	28	30
Freitag	26	25

Welche Zeit wird für die nächste Periode nach dem Taylor- und nach dem Refasystem vergleichsweise vorgegeben? Beachte 381 und 383.
Antwort Seite 179

2. Innerbetrieblicher Standort und Förderwesen

386. Was versteht man unter innerbetrieblicher Standortwahl?

Darunter versteht man die planerische Anordnung der Gebäude über das Betriebsgrundstück, die Abteilungsgliederung innerhalb der Gebäude und die Aufstellung von Anlagen unter Einschluß der Unterbringungen von Nebenanlagen.

387. Welchen Grundsatz vertritt die Wissenschaft bezüglich einer sinnvollen Abteilungsanordnung?

Der kürzeste Weg der Erzeugnisse in den einzelnen Fertigungsabteilungen, zwischen den einzelnen Abteilungen, innerhalb des ganzen Betriebes muß gewährleistet sein. Der Durchlaufweg muß gerade, schnell und kostengünstig sein.

388. Wie sollen die Hilfsbetriebe in den Betrieb eingeordnet sein?

Die Hilfsbetriebe müssen so angeordnet und eingeordnet sein, daß die Zuführung ihrer Leistungen an die Hauptbetriebe auf die einfachste und kostengünstigste Weise geschehen kann.

389. Können Sie sich Ausnahmen von der Regel des kürzesten Produktionsweges der Erzeugnisse vorstellen?

Ja. Wenn Großmaschinen in mehreren Betriebsteilen benötigt werden, so wird man diese Maschinen variierend einsetzen. Eine Abteilungsbildung nach dem kürzesten Produktionsweg ist dann nicht möglich. Ähnliches gilt, wenn der Betrieb ein recht unterschiedliches, sich sehr oft änderndes Produktionsprogramm hat und jedes Erzeugnis nach einem anderen Produktionsweg durch die Abteilungen verlangt.

390. Kann es auch gesetzliche Gründe geben, die den Grundsatz des kürzesten Produktionsweges weniger wichtig erscheinen lassen?

Ja. Vorschriften über die Sicherheit (Brand, Explosion), ebenso Vernunftsüberlegungen gleicher Art, lassen den Grundsatz des kürzesten Produktionsweges zurücktreten.

391. Ist es möglich, daß Verbrauchsüberlegungen an Energie den Grundsatz des kürzesten Produktionsweges weniger wichtig erscheinen lassen?

Ja. Eine Abteilungsbildung bzw. -gliederung nach dem kürzesten Produktionsweg kann, wenn die Energie (z. B. Wasserdampf) nicht in gleicher Reihenfolge und Stärke benötigt wird, zu größeren Energieverlusten führen als der kurze Produktionsweg im Gegensatz zu einem längeren an Kosten einspart. In diesem Falle wird man die Abteilungen nach dem Energieverbrauch bzw. nach dem Ziel des geringsten Energieverlustes ordnen.

392. Welche Überlegungen hat man beim Bau bzw. der Ordnung von Gebäuden anzustellen?

Die Gebäude müssen in ihrer Lage zueinander ebenfalls den kürzesten Produktionsweg garantieren. Es muß aber auch übersichtlich gebaut sein und bei der Festlegung des Gebäudeabstandes muß an Geräusche, Brand, Explosion, natürliche Lichtverhältnisse und an den Platz für den Gebäudebedarf der Zukunft gedacht werden.

393. Was muß bei der Legung der Leitungsanlage für Gas, Wasser und Strom bedacht werden?

Reparaturen müssen ohne Betriebsstörungen durchführbar sein (mehrere Abzapfstellen). Schäden soll man leicht erkennen und der Verbrauch an jeder wichtigen Stelle getrennt erfaßt werden können.

394. Welche Arten von Gebäuden kennen Sie?

Eingeschoßbauten, nämlich Hallenbau (breit und hoch) und Saalbau (schmaler und niedrig). Mehrgeschoßbauten. Beide Bauarten können als Trennbau und als Verbundbau auftreten.

395. Welche Anordnungsmöglichkeiten der Gebäude zueinander gibt es?

Bei Trennbau kann man die Gebäude der Länge, der Breite und der Quere nach ordnen; der Länge und Quere nach einreihig und doppelreihig. Bei Verbundbau gibt es die Möglichkeit, die Gebäude der Kammanordnung, der U-förmigen Anordnung, der H-förmigen Anordnung und der winkelförmigen Anordnung zu unterwerfen. Die Kamm-, Buchstaben- und Winkelanordnungen sind in der Regel

Ausdruck des Fertigungsprozesses. Sie können aber auch aus
ästhetischen, geographischen oder belichtungstechnischen Gesichts-
punkten entstehen. Darüber hinaus schaffen sie möglicherweise
Platz für Verwaltungsgebäude und Verkehrsanschlüsse.

396. Kommentieren Sie folgende Gebäudeaufstellung vergleichsweise!

a)

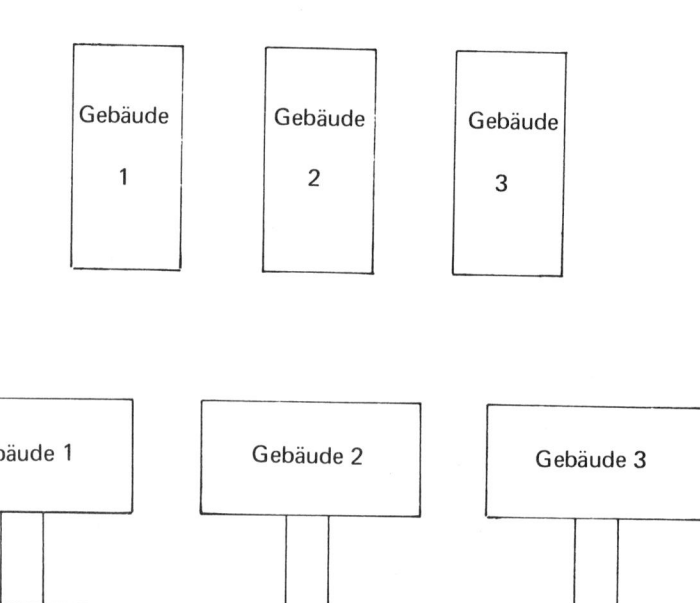

b)

Antwort Seite 179

397. Was versteht man unter betrieblichem Förderwesen?
Das betriebliche Förderwesen umschließt alle Tätigkeiten und Ein-
richtungen, deren Zweck darin besteht, Ortsveränderungen von
Gütern und Personen innerhalb des Betriebes vorzunehmen.

398. Welche Arten von Fördermitteln kennen Sie?
Fahrbare Fördermittel (Waggon, Handkarren z. B.), selbstfahrende
Fördermittel (Elektrokarren, LKW z. B.) und ortsfeste Fördermittel
(Kran, Aufzug z. B.).

78

399. Nennen Sie gleislose Fördermittel
Laufwinde, Schwenk- und Laufkran, Förderband.

400. Beurteilen Sie die Gleisförderung!
Mit Gleisfördermitteln lassen sich große Massen von Gütern und schwere Lasten auf einmal trasportieren. Das ist ein großer Vorteil. Es besteht aber der Nachteil der hohen Anlage- und damit Umlagekosten. Nachteilig ist auch, daß der Produktionsgang nicht geändert werden kann, weil er an die Gleisanlagen gebunden ist.

401. Was ist bei der Auswahl des wirtschaftlichsten Fördermittels zu beachten?
Die Erfahrung der Konkurrenz, d. h. die Branchengebundenheit der Fördermittel; die Möglichkeit der Vollausnutzung; die Höhe der Anlagekosten und deren Umlegung auf die Transportleistungen; die Reparatur- und laufenden Betriebsmittelkosten.

402. Welche Anforderungen werden an ein Fördermittel gestellt?
Fördermittel sollen schnell, sicher, unabhängig und kostengünstig sein.

403. Wie kann das Förderwesen dazu beitragen, eine Kostensenkung im Betrieb zu erreichen?
Das Förderwesen muß einheitlich gestaltet werden, es darf kein Transportleerlauf entstehen (Fahrplan) und die Erzeugnisse müssen durch die Fördermittel in geradem Verlauf durch den Betrieb transportiert werden.

404. Unter welcher Voraussetzung kann der Grundsatz der Vollausnutzung der Fördermittel vernachlässigt werden?
Unter der Voraussetzung, daß größere Fördermittel bei Nichtvollauslastung eine stärkere Kostendegression aufweisen als vergleichsweise vollbeschäftigte kleinere Fördermittel.

405a. Welche Nachteile können mit einem festen Fahrplan für das betriebliche Förderwesen verbunden sein?
Antwort Seite 180

405 b. Überlegen Sie, bei welchem Betriebstyp sich ein fester Fahrplan für das betriebliche Förderwesen lohnt?
Antwort Seite 180

405c. Sehen Sie einen Unterschied zwischen Fuhrpark und Förderwesen?
Antwort Seite 180

3. Anlage- und Werkzeugwirtschaft

406. Worin besteht der Unterschied zwischen Maschinen, maschinellen Anlagen, Werkzeugen und sonstigen Anlagen?
Werkzeuge sind Hilfsmittel der Arbeit. Maschinen sind bewegliche Aggregate, die den Menschen zu ihrem Hilfs- bzw. Bedienungsmittel machen. Maschinelle Anlagen sind starre oder bewegliche Verbindungsteile zwischen bzw. von Maschinen. Sonstige Anlagen haben statischen Charakter (z. B. Werftanlagen).

407. Welche Arten von Maschinen kennen Sie?
Aktiv- und Passivmaschinen.

408. Was ist eine Aktivmaschine?
Eine Maschine, die Kraft erzeugt und zugleich die Arbeitsleistung vollbringt.

409. Was versteht man unter Passivmaschine?
Eine Passivmaschine erzeugt entweder nur die Kraft bzw. Energie, dann heißt sie Kraftmaschine, oder sie leistet nur die Arbeit, dann heißt sie Arbeitsmaschine.

410. Bedarf jede Arbeitsmaschine zum Antrieb einer Kraftmaschine?
Im industriellen Zeitalter normalerweise ja. Jedoch ist es auch möglich, die Arbeitsmaschine durch naturale Kraft (Wasser, Wind) oder durch menschliche Kraft in Bewegung zu setzen.

411. Welche wirtschaftlichen Daten wird ein Betrieb bei der Bestellung (Auswahl) von Maschinen berücksichtigen?
Preis der Maschine (Finanzierungsfrage), Kostenwert des Verschleisses Pro hergestellter Leistung (Abschreibung, Instandhaltungs-, Energie- und sonstige Betriebskosten) und Ertragswert der Maschinenleistung (Menge mal Erlöspreis).

412. Welche Beachtung findet der Grad der Beschäftigungsnutzung von auszuwählenden Maschinen?
Grundsätzlich müssen solche Maschinen ausgewählt und bestellt werden, die durchweg vollbeschäftigt sind. Es gibt eine Ausnahme: Eine größere nicht voll ausgenutzte Maschine kann eine stärkere Kostendegression bei Teilausnutzung haben als eine kleinere bei Vollausnutzung.

413. Sehen Sie einen Unterschied zwischen komplementären und substitutiven Maschinen?
Komplementäre Maschinen vervollständigen, vermehren und verbes-

sern die Leistung der Arbeiter, ohne jemanden freizusetzen. Substitutive Maschinen dagegen ersetzen die Arbeitskraft, setzen also Arbeiter frei. In Krisenzeiten, in Zeiten der Arbeitslosigkeit sollten die Unternehmer komplementäre Maschinen kaufen und einsetzen.

414. Welche Aufstellungsmöglichkeiten von bestellten und eingetroffenen Maschinen gibt es?

Man kann die Maschinen in Längsreihen (geschlossen und offen), in Querreihen und Schrägreihen aufstellen. Man kann aber auch die Maschinen so aufstellen, daß sie Rücken an Rücken, Gesicht an Gesicht oder Gesicht an Rücken stehen.

415. Welches ökonomische Verhältnis soll zwischen Maschinen und an ihnen bzw. durch sie bearbeitetes Material bestehen?

Bei befestigten Maschinen muß die Ordnung der Maschinen so gestaltet sein, daß die Materialien leicht und schnell zu und von den Maschinen transportiert werden können, trotzdem aber genügend Raum zur Bearbeitung vorhanden ist. Bei transportierbaren Maschinen (wertvollen, wenig vorhandenen) soll das Material (sperrig, hohes Gewicht) so gelagert sein, daß die Maschinen einen leichten und kurzen Weg zu den Verarbeitungsplätzen haben.

416. Kommentieren Sie folgende Maschinenaufstellung bzw. Arbeitsplatzordnung! Die Einbuchtungen sind die Arbeitsplätze.

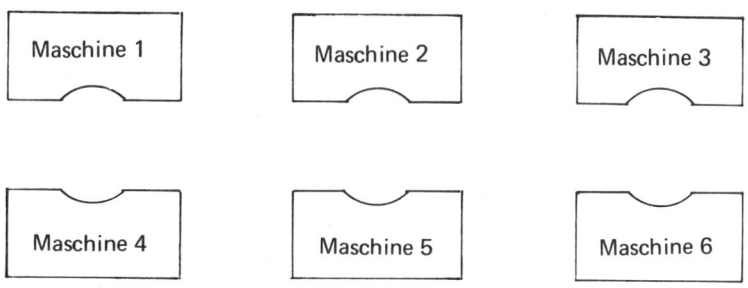

Antwort Seite 180

417. Welche ökonomischen Forderungen stellen Sie an die Anordnung von Maschinen?

Maschinen sollen einen geringen Raum in Anspruch nehmen; Unfälle müssen verhütet werden; schneller Produktionsdurchlauf muß gewährleistet sein; günstige Anbringung und Auslastung der Maschinen und Maschinenantriebe soll gewährleistet sein; die Lichtverhältnisse müssen berücksichtigt werden; es muß ein guter Überblick über Maschinen und Arbeitskräfte gegeben sein; die Maschinen müssen eine günstige Lagerung der Stoffe vor und nach der Bearbeitung zulassen; gesetzliche Vorschriften müssen beachtet werden.

418. Welche wirtschaftliche Bedeutung hat der Maschineneinsatz in einem Betrieb?

Durch die Maschinen kann der Prozeß der Arbeitsteilung bis ins kleinste vollzogen werden. Es werden Kräfte mobil, die Menschenkraft nie erreichen kann. Die Arbeitsschnelligkeit und Intensität werden um ein Vielfaches gesteigert.

419. Welche Formen der Kraftversorgung, um die Maschinenleistungen zu vollbringen, gibt es?

Wasserkraft (Wasserturbinen, Wasserräder), Dampfkraft (Lokomobile, Dampfturbine), Verbrennungskraft (Diesel- und Ottomotor) als unmittelbare Kraftversorgung und der elektrische Strom und Gas als mittelbare Kraftversorgung.

420. Wie mißt man den Ausnutzungsgrad von Maschinen?

Man stellt die möglichen Betriebsstunden den tätsächlich geleisteten Betriebsstunden (Zeitgrad) gegenüber und erhält so die Stillstandszeit. Man kann auch die möglichen Leistungsmengen den wirklichen Leistungsmengen (Lastgrad) gegenüberstellen und erhält so die Leistungsfehlmenge. Ein Vergleich von Zeitgrad und Lastgrad zeigt an, in welchem Maße (ungewollter) Maschineleerlauf vorhanden war.

421. Was ist eine Maschinen-Instandhaltungskarte?

Sie ist ein Arbeitsmittel der Anlagennebenbuchhaltung. Auf der Instandhaltungskarte werden alle technischen Einzelheiten der Maschine, vor allem die Bedienungsvorschriften und die Art und Zeit der Kontrolle vermerkt. Diese Vermerke bestimmen dadurch genau, wann Gesamt- und Teilüberholungen der Maschinen notwendig sind, aber auch Überprüfungen und Reinigungen.

422. Was geschieht, wenn lt. Karte eine Überwachung bzw. Kontrolle der Maschinen erfolgt?

Es wird ein Überwachungsbericht geschrieben, aus dem hervorgeht, welche Instandsetzungsarbeiten wann durchgeführt werden müssen.

423. Warum ist Instandsetzung lt. Karte und Bericht so wichtig?

Vorbeugen ist besser als heilen. Überraschungen sind so gut wie ausgeschlossen. Die dringenden Arbeiten der Instandhaltungen werden zeitlich und kostenmäßig auf ein Mindestmaß beschränkt. Ersatzteile können laufend und rechtzeitig beschafft werden.

424. Welche Aufgaben hat eine Maschinenkostenkarte?

Auf der Maschinenkostenkarte werden sämtliche mit einer Maschine zusammenhängenden Kosten vermerkt: Anschaffungs-, Abschreibungs-, Versicherungs-, Reparatur-, Inganghaltungs-, Betriebsmittel- und Zusatzgerätekosten. Sie ist der kostenmäßige Lebenslauf einer Maschine und wie die Instandhaltungskarte eine Organisation der Nebenbuchhaltung.

425. Was ist eine Maschineleistungskarte?

Das ist eine Karte, auf der neben sämtlichen technischen Daten der Maschine die möglichen (zeitlichen und mengenmäßigen) Leistungen, aber auch die tatsächlichen Leistungen vermerkt stehen. Die Leistungskarte ermöglicht die Ermittlung des Zeit- und Lastgrades, der Stillstands- und Leerlaufzeit und der Leistungsfehlmenge. Auch sie ist eine Organisation der Nebenbuchhaltung.

426. Erklären Sie Sinn und Aufbau der systematischen Anlagenbuchhaltung!

Die systematische Anlagenbuchhaltung hat die Aufgabe, sämtliche Zu- und Abgänge an Maschinen, die Endbestände, die Zu- und Abschreibungen festzuhalten. Im Kontenrahmen stehen die Bestände in Klasse 0, die Wertveränderungen in Klasse 2. Die kalkulatorischen Abschreibungen werden in Klasse 4 verbucht und in Klasse 2 der bilanzmäßigen (handels- oder steuerrechtlichen) Abschreibung gegenüber abgegrenzt (Abschreibungsabgrenzungskonto).

427a. Wie hoch ist der Abschreibungsbetrag einer bilanziellen jährlichen Abschreibung? Angaben: Anschaffungskosten 40.000,– DM. Degressive Abschreibung. Degressiver Abschreibungssatz 20 %. Es ist die Abschreibung für das zweite Lebensjahr zu berechnen!

Antwort Seite 180

427b. Wie hoch ist der Abschreibungsbetrag einer monatlichen kalkulatorischen Abschreibung nach Leistung. Angaben: Anschaffungskosten

30.000,– DM. Fixkostenanteil 40 %. Wahrscheinliche Lebensdauer 10 Jahre mit 18.000 Maschinenstunden. Monatliche Nutzung 200 Maschinenstunden.

Antwort Seite 180

428. Was sind Werkzeuge?

Werkzeuge sind Hilfmittel der Arbeit (Hacke, Bohrer), auswechselbare Teile von Maschinen (Stanzen, Formen) und Hilfsgeräte (Meßgeräte, Beleuchtungsanlagen).

429. Welche Arten von Werkzeugen kennen Sie?

Verbrauchswerkzeuge (schneller Verschleiß) und Dauerwerkzeuge (allmähliche Abnutzung).

430. Wo können sich Werkzeuge aufhalten?

Im Werkzeuglager (Lagerwerkzeuge) und an den Arbeitsplätzen (Nicht-Lagerwerkzeuge bzw. Platzwerkzeuge).

431. Auf welche organisatorische Weise geschieht die Beschaffung von Werkzeugen?

Verbrauchswerkzeuge werden automatisch laufend bestellt, weil man den Umfang des Verschleißes kennt. Dauerwerkzeuge werden auf Grund der Anforderungen durch die Verwendungsstellen im Betrieb jeweils einzeln bestellt, wenn sie abgenutzt sind.

432. Welche Bedeutung hat die Werkzeugnormung?

Durch die Vereinheitlichung der Werkzeuge (Normung, Typisierung) wird eine Vereinfachung des Einkaufs möglich. Die Zahl der Werkzeugarten und -größen kann verringert werden.

433. Mit welchen Teilaufgaben beschäftigt sich die Werkzeugwirtschaft?

Mit Beschaffung, Aufteilung, Kennzeichnung, Lagerung, Ausgabe, Rücknahme auf Lager, Kontrolle auf Zahl und Verfassung.

434. Welche Bedeutung hat das Kennzeichnungssystem in der Werkzeugwirtschaft?

Bevor die Werkzeuge gelagert und ausgegeben werden, muß man sie kennzeichnen. Die Kennzeichnung bietet die Grundlage für die kürzeste und beste Verständigung zwischen Lager und Betrieb, sie ermöglicht genaue Anforderung, Registrierung und Kontrolle.

435. Welche Kennzeichnungsmöglichkeiten gibt es für Werkzeuge?

Farbensysteme, Buchstabensysteme und das Dewey'sche Dezimalzahlensystem oder eine Mischung der genannten. Dabei kann man die Kennzeichen für die verschiedenste Artaufteilung benutzen

(Schneid- und Stanzwerkzeuge, handelsübliche oder selbstgefertigte Werkzeuge, nach dem Verwendungsort, nach den Herstellerfirmen).

436. Welche Forderung stellt man an die Anbringung von Kennzeichen?
Die Kennzeichen müssen auffindbar, leserlich und dauerhaft eingestanzt, eingraviert, aufgehämmert oder angeschweißt sein.

437. Welche wirtschaftliche Aufgabe hat die Werkzeugwirtschaft?
Sie soll dazu beitragen, die Arbeit an derselben Arbeitsstelle (an zeitlich verschieden nacheinander zu behandelnden Erzeugnissen) oder an demselben Erzeugnis (an dem an verschiedenen Arbeitsstellen gearbeitet wird) im Fluß zu halten. Das Ziel ist die Verhinderung von Leerläufen und Steigerung der Durchlaufgeschwindigkeit der Erzeugnisse.

438. Wer bringt die Werkzeuge zu den Arbeitsplätzen?
Entweder holen sich die Arbeiter die Werkzeuge selbst (Zeit- und Kostenvergeudung) oder vom Lager beschäftigte Werkzeughalter und -pfleger transportieren die Werkzeuge zu den Arbeitsplätzen. Das letzte verlangt aber nach einer eingehenden Arbeitsvorbereitung.

439. Welche organisatorischen Lagerungsmöglichkeiten für Werkzeuge gibt es?
Man kann die Werkzeuge in einem zentralisierten Lager, aber auch in dezentralisierten Lägern halten. Im ersten Fall besteht der Vorteil, daß nur eine Stelle des Betriebes über die Werkzeuge wacht. Als Nachteil ist aber zu erwähnen, daß der Transportweg der Werkzeuge zu den einzelnen Arbeitsplätzen sehr lang sein kann. Das Umgekehrte gilt für die verschiedenen dezentralisierten Läger. Vereinigt man die Vorteile beider Lagerungsmöglichkeiten, so wird man ein zentrales Lager mit unselbständigen Neben- bzw. Auslieferungslägern (vorgeschaltete Vorratsläger) organisieren.

440. Die erststelligen Ziffern einer Werkzeugordnung geben an: 0 = selbst hergestellte Werkzeuge, 1 = im Inland gekauftes Werzeug, 2 = im Ausland gekauftes Werkzeug.
Die zweitstelligen Ziffern geben an: 0 = Platzwerkzeug, 1 = Lagerwerkzeug des Lagers A, 2 = Lagerwerkzeug des Lagers B.
Die drittstelligen Ziffern geben an: 0 = Bohrwerkzeug, 1 = Schneidwerkzeug, 2 = Hebewerkzeug.

Die viertstelligen Ziffern geben an: 0 = Verbrauchswerkzeug, 1 =
Dauerwerkzeug bis 2 Jahren Lebensdauer, 2 = Dauerwerkzeug bis
5 Jahren Lebensdauer.
Sie finden ein Werkzeug mit der eingravierten Zahl 2102.
Erklären Sie den Werkzeugtyp!
Antwort Seite 180

4. Mensch und Arbeit

441. Welche zwei Arten von Arbeit unterscheidet man grundsätzlich in
jedem Betrieb?
Leitende (dispositive) und ausführende (exekutive) Arbeit.

442. Welche Aufgaben haben die technischen Leiter?
Gewinnung von Stoffen. Umformung der Stoffe in höherwertige
Güter. Entwicklung, Auswahl und Einsatz der Hilfsmittel aller Art
zur genannten Gewinnung und Umformung.

443. Welche Aufgaben haben die wirtschaftlichen Leiter?
Kapitalausstattung der Unternehmung; Einkauf der für die Beschaffung notwendigen Güter und Kräfte; Verkauf der Güter an diejenigen, die Bedarf und Kaufkraft haben; rechnerische Überwachung der Vermögens- und Kapitalveränderungen durch die Ge-
schäftsbuchhaltung und Ermittlung des Werteverzehrs durch die
Betriebsbuchhaltung (Kostenrechnung).

444. Erklären Sie die unterschiedliche Denkweise der Wirtschaftler und
Techniker!
Das Denken des Technikers geht in Mengen- und Zeiteinheiten,
sein Ziel ist der technische Fortschritt und das technische Maximum. Das Denken des Wirtschaftlers beschäftigt sich mit Aufwand
und Ertrag. Sein Ziel ist der wirtschaftliche Fortschritt und das
ökonomische Optimum bzw. Gewinnmaximum.

445. Welche Denkweise hat bei Widersprüchen den Ausschlag?
Unter Beachtung der technischen Errungenschaften und Einwände
hat die wirtschaftliche Denkweise und Stimme den Ausschlag zu
geben.

446. Wie kann man die ausführende Arbeit einteilen?
In körperliche und geistige Arbeit einerseits und in gelernte, an-
gelernte und ungelernte Arbeit andererseits.

86

447. Nach welchen Motiven und Fakten kann man die Beschäftigtenzahl eines Betriebes gruppieren, also die Beschäftigtenstruktur eines Betriebes ordnen und erkennen?

Nach dem Alter (Leistungsfrage), nach dem Familienstand (Leistungs- und Lohnfrage, Frage der dauerhaften Ansässigkeit), nach der Religion (Frage der Feiertage und der abzuhaltenden Kirchensteuer), nach dem Geschlecht (Frage der Entlohnung und der Arbeitsgeschicklichkeit und -schnelligkeit) und nach Beruf und Lerngrad (Frage der Entlohnung und der Arbeitsplatzbestimmung).

448. Wovon hängt die Nachfrage nach Arbeit am Arbeitsmarkt im allgemeinen ab?

Von Staatsbefehlen, Verbandsmacht, Kosten der Arbeiter und der substitutiven Produktionsmittel, von der Wirtschafts- bzw. Konjunkturlage, vom Beschäftigungs- und Absatzumfang der Betriebe und von den Markt- bzw. Gewinnerwartungen.

449. Wovon hängt die Auswahl und der Einsatz der Arbeit speziell in den einzelnen Betrieben ab?

Von der Leistungsfähigkeit und Leistungswilligkeit, vom Kosten- und Ertragswert der einzelnen Arbeiter, von Art und Umfang der vorhandenen Maschinen und Werkzeuge.

448a. Wie kann man die Menschen des Industriebetriebes schützen?

Neben den sozialgesetzlichen Versicherungen kann der Betrieb Heirats-, Kranken- und Kinderzuschüsse zahlen, eine Pensionskasse gründen bzw. Pensionsrückstellungen bilden und gegen Unfälle durch Unfallverhütungsbestimmungen und -maßnahmen, aber auch durch Unfallversicherung schützen.

448b. Wie heißen die Versicherungsträger, bei denen die Arbeitgeber ihre Arbeitnehmer gegen Unfall versichern müssen?

Antwort Seite 180

449. Welches Datum wird bei Betrieben für die Lohnbezahlung gemessen, wenn nach Zeitlohn bezahlt wird?

Die im Betrieb verbrachten Arbeitsstunden der Arbeiter.

450. Wie kann man die Arbeitsstunden messen?

Durch Anwesenheitslisten, Kontroll- bzw. Stechuhren, Schlüsselablage und ähnliches.

451. Welches Datum mißt man, wenn Akkordlohn bezahlt werden soll?

Die geleistete Arbeitsmenge.

452. Welche Mittel gibt es, die geleistete Arbeitsmenge zu messen?
Aufschreibungen, Arbeitsbegleitkarten, Arbeits- bzw. Lohnbons.

453. Was versteht man unter Arbeitsbewertung?
Die Bewertung der in einer Arbeitsart (Maurer, Schlosser) enthaltenen Arbeitsfaktoren. Die Arbeitsbewertung geht der Zeit- und vor allem der Akkordlohnzahlung voraus. Sie bildet die Grundlage für die spätere Grundlohnbildung.

454. Nach welchen Kriterien wurde früher, leider heute noch teilweise, die Arbeit bewertet?
Nach dem Grade körperlicher oder geistiger Anstrengung oder nach dem Maße des Gelernthabens, Angelernt- oder Ungelerntseins.

455. Welche Kriterien sind heute für die Arbeitsbewertung entscheidend?
Man gliedert jede Arbeitsart in Faktoren auf und bewertet jeden Faktor für sich. An Faktoren kommen in Frage: Fachkönnen, körperliche Anstrengung, Geschicklichkeit, Beanspruchung der Sinnesorgane, geistige Beanspruchung, Verantwortungsgrad, Umgebungseinflüsse (Geräusche, Geruch z. B.).

456. Nennen Sie Methoden der Arbeitsbewertung!
Die analytische Bewertungsmethode (nach Euler und Stevens vor allem) und die summarische Bewertungsmethode (vor allem der Lohngruppenkatalog).

457. Was geschieht beim Lohngruppenkatalog?
Arbeitsarten, die ähnliche oder gleiche Beanspruchungsfaktoren enthalten, werden in eine Gruppe gebracht. So entstehen verschiedene Gruppen mit je vielerlei Arbeitsarten. Der Wert der Leistung der Arbeitsarten einer Gruppe wird gleich 100 gesetzt. Die anderen Arbeitsgruppen werden dazu ins Verhältnis gesetzt. Wenn 100 % 8,— DM Stundenlohn erhält, bekommt die Gruppe, die gleich 80 % gesetzt wurde, 6,40 DM Stundenlohn.

458. Was geschieht bezüglich der Arbeitsbewertung nach der analytischen Bewertungsmethode?
Jede Arbeitsart wird in die sie ausmachenden Faktoren zerlegt. Jeder Faktor (z. B. die Verantwortung) bekommt einen Wert. Die Summe der Werte von Faktoren einer Arbeitsart (z. B. Schlosser) nennt man Wertzahlen. Variabel wird eine Wertzahl in DM bzw. Pfennig ausgedrückt und mit der für jede Arbeitsart festgelegten Wertzahl multipliziert. (Z. B. 25 Wertzahlen mal 0,40 DM gleich 10,50 DM Stunden-, Grund- oder Stücklohn, je nachdem welchen Lohn man ausrechnet und anwenden will.)

459. Was geschieht bei der Wertzahlentabelle?

Zunächst wird verfahren wie bei der analytischen Bewertungsmethode. Es werden Wertzahlen festgelegt. Diese werden aber nicht in Währungseinheiten ausgedrückt. Vielmehr bildet man für nicht weit voneinander entfernt liegende Arbeitsarten mit ähnlichen Wertzahlen sog. Lohngruppen (z. B. Gruppe 1 mit Wertzahlen 0 bis 8).

460. In welchen Fällen halten Sie Zeitlohn für gerechtfertigt?

Wenn eine Konstanz der Arbeit nicht möglich ist (Feinmechanik, Reparaturen), wenn die Leistung ohne Zutun des Arbeiters stark schwankt (Verkäuferinnen) und wenn die Arbeit mengenmäßig an bestimmte Zeiteinheiten gebunden ist (Fließbandsystem), ist Zeitlohn angebracht.

461. Worin besteht der Unterschied zwischen Stückakkord und Zeitakkord?

In beiden Fällen wird die Leistung bewertet. Beim Stückakkord bekommt man für eine Leistungseinheit einen bestimmten Geldbetrag (eine Näherin für ein Hemd 1,— DM. Beim Zeitakkord wird die Leistungseinheit in Minuten ausgedrückt und bewertet (eine Näherin für 1 Hemd 30 Minuten). Erst über die geleistete Minuten- bzw. Stundenzurechnung wird, ausgehend vom Grundlohn, die Lohnzahlung vorgenommen (z. B. für eine ausgerechnete Leistungsstunde gibt es 12,— DM).

462.

	Faktor 1	Faktor 2	Faktor 3
Arbeitsplatz A	15	18	14
Arbeitsplatz B	19	25	10

Die Zahlen sind Bewertungspunkte (Wertziffern). Die Faktoren sind Anforderungen (körperliche Anstrengung 1, geistige Anstrengung 2, Verantwortung 3).

Der Geldfaktor ist 0,20 DM pro Wertzahl. Wie hoch ist bei analytischer Zeitentlohnung der Stundenlohn eines Arbeiters am Arbeitsplatz A und am Arbeitsplatz B?

Antwort Seite 180

463. Die errechnete Normalzeit für die stückbezogene Leistung „Meier" beträgt 5 Minuten. Der Leistungs-(grad-)faktor beträgt 1,3. Der Akkord-

grundlohn beträgt 10,– DM die Stunde. Meier wird nach Akkord bezahlt. Er leistet in einer Woche 600 Stück. Wie hoch ist sein Akkordlohn?

Antwort Seite 181

B. Die Produktionstheorie[14]

5. Ertragsfunktionen und Ertragsgesetz

464. Nennen Sie zwei Auslegungen des Wortes „Funktion"!
   a) Funktion ist Aufgabe. Deshalb ist ein Funktionär ein Aufgabenträger.
   b) Funktion ist die mathematische Erklärung über die Beziehung
   zweier oder mehrerer Bewegungsgrößen.

465. Wie nennt man die Größe, welche einen Einfluß auf eine andere Größe
   ausübt?
   Die Einfluß nehmende Größe heißt Unabhängige bzw. unabhängig
   Variable.

466. Wie nennt man logischerweise die Größe, welche beeinflußt wird?
   Antwort Seite 184

467. Wie schreibt man mathematisch (algebraisch) eine Funktion, wenn x
   die Unabhängige und y die Abhängige ist?
   $x = f(y)$

468. Welche Größe ist bei einer Produktionsfunktion die Abhängige?
   Die Produktion, besser die Produktionsmenge.

469. Wie nent man die Produktionsmenge in der Lehre von den Pro-
   duktionsfunktionen?
   Ertrag!

470. Welche Größen wirken z. B. und vor allem auf den Ertrag als das Ergebnis der Produktionsfaktorenkombination ein?

---

14 Die Produktions- einschl. Kostentheorie decken sich heute weitgehend als Teil der
   mikroökonomischen Volkswirtschaftslehre und als Teil der materiellen Betriebswirtschaftslehre. Daher auch die weitgehende Deckungsgleichheit des folgenden Ab-
   schnittes mit dem zutreffenden Abschnitt der „1000 volkswirtschaftlichen Fragen
   und ihre Beantwortung" vom gleichen Verfasser im gleichen Verlag.

a) Die Einsatzmenge der Produktionsfaktoren.

b) Das Verhältnis der Produktionsfaktorenmengen zueinander (die sog. Faktorproportion).

c) Die Qualität der Produktionsfaktoren.

d) Der technische Fortschritt, d. h. der Stand des technischen Wissens.

e) Die Intensität des Einsatzes der Produktionsfaktoren (z. B. Fleiß der Arbeiter, Schnelligkeit der maschinellen Umdrehungen u. a.).

471. In der reinsten Theorie der Produktionsfunktion wird nur der Einfluß der Einsatzmenge an Produktionsfaktoren untersucht. Wir nehmen an, die Produktion sei die Kombination der Faktoren (F) mit der Bezeichnung A, B, C. Die eingesetzten Mengen werden mit M bezeichnet (z. B. M_A) und der Ertrag erhält das Zeichen E. Schreiben Sie die Funktion, daß der Ertrag eine Funktion der Einsatzmengen der drei Produktionsfaktoren ist!
Antwort Seite 181

472. Auf der Ordinate (x-Achse, Waagerechte) eines Koordinatensystems wird die Faktoreinsatzmenge eingetragen. Auf der Abzisse (y-Achse, Senkrechte) wird der Ertrag vermerkt. Wie nennt man diese graphisch darstellbare Beziehung?
Antwort Seite 181

473. Was ist Ertrag (Wiederholungsfrage)?
Antwort Seite 181

474. Was ist Grenzertrag?
Der Ertragszuwachs infolge der Vermehrung der Produktionsfaktoren um eine Einheit.

475. Was ist Gesamtertrag?
Gesamtertrag ist addierter bzw. kumulierter Grenzertrag.

476. Wodurch wird demnach der Verlauf (die Reihe) des Gesamtertrages bestimmt?
Antwort Seite 181

477. Zeichnen Sie ein Koordinatensystem, in dem auf der x-Achse die Faktoreinsatzmenge von 1 bis 5 Einheiten Arbeitsstunden und auf der y-Achse der konstante Grenzertrag pro Arbeiter von 10 Erzeugungseinheiten in Stück aufgetragen sind.

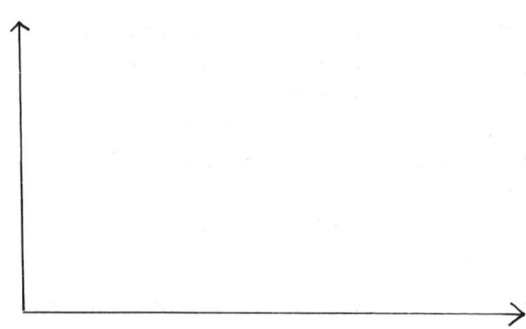

Antwort Seite 181

478. Der Grenzertrag ist konstant 5 Stück. Ferner kennen Sie bereits die Beziehung zwischen Grenzertrag und Gesamtertrag. Schreiben Sie die Zahlenreihe des Gesamtertrages untereinander!

Arbeitsstunden	Stück
1	—
2	—
3	—
4	—
5	—

Antwort Seite 181

479. Zeichnen Sie die unter 478 erkannte Beziehung zwischen der Zahl der Arbeitsstunden und dem Gesamtertrag in ein Koordinatensystem!

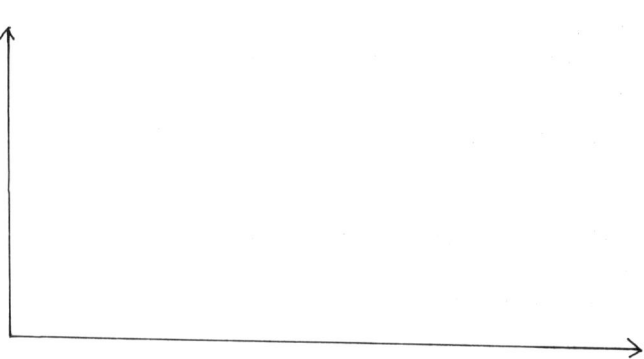

Antwort Seite 182

480. Was ist Durchschnittsertrag?

Das ist der jeweilige Gesamtertrag dividiert durch die auf der x-Achse vermerkte zum jeweiligen Gesamtertrag gehörige Faktoreinsatzmenge (z. B. Arbeitsstunden).

481. Wie hoch ist der Durchschnittsertrag, wenn wie im obigen Falle der Grenzertrag (Ertrag pro Arbeitsstunde) 5 Stück beträgt?

Arbeitsstunden	Gesamtertrag (Stück)	Durchschnittsertrag (Stück)
0	0	—
1	5	—
2	10	—
3	15	—
4	20	—
5	25	—

Antwort Seite 182

482. Erkennen Sie! Wie verhält sich der Gesamtertrag graphisch-mathematisch, wenn der Grenzertrag konstant ist?
Antwort Seite 182

483. Erkennen Sie! Wie verhält sich der Durchschnittsertrag bei konstantem Grenzertrag?
Antwort Seite 182

484. Welche Größe bestimmt letztlich den Verlauf des Gesamt- und des Durchschnittsertrages?
Antwort Seite 182

485. Wovon hängt der Verlauf des Grenzertrages allgemein als Ausdruck einer Funktion ab?
Antwort Seite 182

486. Wovon hängt der Verlauf des Grenzertrages speziell nach der abstrahierenden Vorstellung der reinen Theorie ab?
Antwort Seite 182

487. Annahme: Frage:

Arbeitsstunden	Grenzertrag (E')	Gesamtertrag (E)?	Durchschnittsertrag (ØE)?
0	0	—	—
1	4	—	—
2	7	—	—
3	9	—	—
4	7	—	—
5	4	—	—
6	0	—	—

Antwort Seite 183

488. Stellen Sie im folgenden Koordinantensystem den Verlauf des gerade errechneten Grenz- und Durchschdnittsertrages dar!

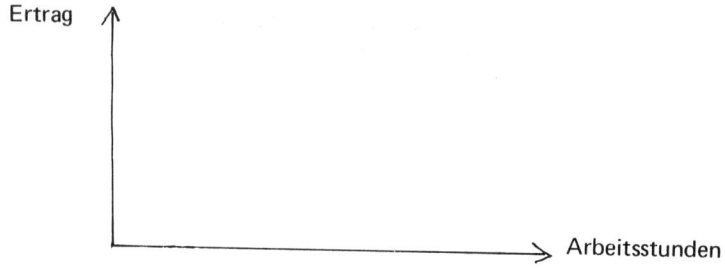

Antwort Seite 183

489. Wie nennt man den vorstehenden Ertragsverlauf?
Parabelförmiger bzw. umgekehrt u-förmiger Grenz- und Durchschnittsertragsverlauf. Man spricht auch von dem Verlauf einer Funktion zweiten Grades.

490. Zeichnen Sie in das folgende Koordinantensystem mit Hilfe der unter 487. gefundenen Zahlenwerte den Verlauf des Gesamtertrages!

Antwort Seite 183

491. Wie nennt man den unter 490. gefundenen Gesamtertragsverlauf?
Kubisch-parabolischer Ertragsverlauf bzw. Ertragsverlauf einer Funktion dritten Grades.

492. Erkennen Sie! Wie verläuft der Durchschnittsertrag, wenn der Grenzertrag parabelförmig verläuft?
Antwort Seite 184

493. Erkennen Sie! Wie verläuft der Gesamtertrag, wenn der Grenzertrag parabelförmig verläuft?
Antwort Seite 184

494. Finden Sie durch selbstgewählte Beispiele!
a) Wie verläuft der Gesamtertrag, wenn der Grenzertrag ständig steigt?
b) Wie verläuft der Durchschnittsertrag, wenn der Grenzertrag ständig fällt?
Antwort Seite 184

495. Nehmen Sie an, daß alle an einer Produktion zu beteiligenden Produktionsfaktoren bereits vorhanden sind. Lediglich einer fehlt noch. Dieser fehlende Faktor (z. B. die Arbeit) wird nunmehr beschafft und eingesetzt. Die übrigen Faktoren bleiben konstant, nur die Arbeit ist variabel, d. h. es wird laufend ein Arbeiter mehr eingesetzt. Dabei haben alle Arbeiter die gleiche Leistungsqualität und Leistungsintensität Welche von den in Frage 470. genannten Einflußgrößen wird dadurch verändert und ist bestimmend für den Ertrag?
Antwort Seite 184

496. Was geschieht mit dem Grenzertrag, solange sich die konstant gehaltenen Faktoren im Vergleich zum vermehrt eingesetzten Faktor im Überfluß, also der vermehrt eingesetzte Faktor im Minimum befinden?
Da sich das Proportionsverhältnis der Faktoren dadurch ständig verbessert, d. h. die Faktorproportion geht der Optimalität entgegen, nimmt der Grenzertrag zu.

497. Was geschieht mit dem Grenzertrag, solange sich die konstant gehaltenen Faktoren im Vergleich zum vermehrt eingesetzten Faktor im Minimum, also der vermehrt eingesetzte Faktor im Maximum befinden?
schlechtert, d. h. die Faktorproportion geht über die Optimalität hinaus, nimmt der Grenzertrag ab.

498. Nach erreichter Optimalität der Faktorproportion wird unterstellterweise der bislang vermehrte Faktor weiterhin allein vermehrt. Welchen Verlauf nimmt ab dort der Grenzertrag?
Antwort Seite 184

499. Welchen Verlauf hat der Grenzertrag, wenn der Inhalt der Fragen und Antworten 496/497 zusammen geführt wird?
Antwort Seite 184

500. Wie verläuft der Grenzertrag, wenn alle zur Produktion gehörigen Faktoren konstant gehalten werden und nur ein Faktor ständig vermehrt wird, und die Qualität und Intensität des Einsatzes gleich sind? Wie verhält sich vergleichsweise der Durchschnittsertrag und der Gesamtertrag dazu?
Antwort Seite 184

6. Limitationalität und Substitutionalität

501. Was ist ein limitationaler Produktionsfaktor?
Das ist ein Faktor, dessen vermehrter Einsatz ohne Ertragsvermehrung bleibt. Eine Ertragsmehrung ist nur durch den vermehrten Einsatz aller an der Produktion beteiligten Produktionsfaktoren möglich.

502. Wie nennt man die Limitationalität, wenn die Ertragsmehrung nur durch Beibehaltung der Faktorproportion möglich ist?
Konstante Limitationalität oder lineare Faktorproportion.

503. Wie nennt man logischerweise die Limitationalität, wenn zwar alle an der Produktion beteiligten Produktionsfaktoren vermehrt werden müssen, um eine Ertragsvermehrung zu bewirken, sich die Faktorproportion jedoch dabei verändert?
Antwort Seite 184

504. Was wurde in den bisher behandelten Koordinatensystemen auf der x-Achse vermerkt?
Die Einheiten *eines* Produktionsfaktors.

505. Nehmen wir an, die Produktionsfaktoren für eine bestimmte Produktionstätigkeit sind *konstant limitational*. Sie wollen eine graphische Darstellung des Faktoreinsatzes und seines Ertragsergebnisses in einem Koordinatensystem vornehmen. Außer dem Faktoreinsatz (reine Ertragstheorie) soll nichts geändert werden. Ist es richtig, die x-Achse weiterhin mit der Mengenbezeichnung *eines* Faktors zu versehen? Wenn nein, wie müßte die Beschriftung aussehen?
Antwort Seite 184

506. Wie muß sich Ihres Erachtens der Grenzertrag pro eingesetztem Faktorbündel (= konstante Faktorproportion) verhalten, wenn von anderen Ertragseinflüssen abstrahiert wird?
Antwort Seite 184

507. Welchen Verlauf nimmt der Gesamtertrag bei konstantem Grenzertrag?
Antwort Seite 184

508. Erkennen Sie! Wie verhalten sich Grenzertrag und Gesamtertrag bei konstant limitationalem Produktionsfaktoreneinsatz?
Antwort Seite 184

509. Um die konstante Limitationalität zweier Produktionsfaktoren (A und B) zu dokumentieren, beschriftet man die x-Achse und die y-Achse je mit dem Mengeneinsatz der beiden Faktoren (M_A und M_B). Was wird durch den Punkt (P_1) repräsentiert?

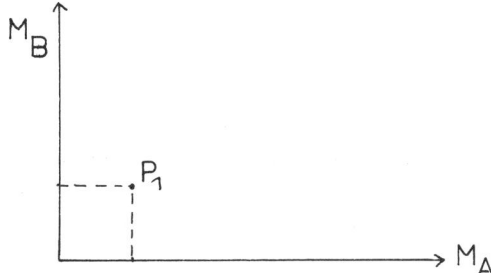

Der Ertrag, der durch die Mengenkombination (Faktorproportion) M_A/M_B erzeugt wird.

510. Wie wird sich der Ertrag verändern, wenn nur die Menge des Faktors A vermehrt wird?
Der Ertrag wird sich überhaupt nicht verändern, da bei konstant limitationaler Produktionsfaktoreneigenschaft zweier Faktoren beide Faktoren (also das Faktorbündel) vermehrt werden müssen, um den Ertrag zu vergrößern.

511. Wie wird sich der Ertrag verändern, wenn nur die Menge des Faktors B vermehrt wird?
Antwort Seite 185

512. Merken Sie! Welche Ertragsänderung findet statt, wenn bei konstanter Produktionsfaktorenlimitationalität nur ein Faktor vermehrt wird?
Antwort Seite 185

513. Zeichnen Sie in das System unter 509. die Vermehrung des Faktors A bei sich nicht erhöhendem Ertrag ein!

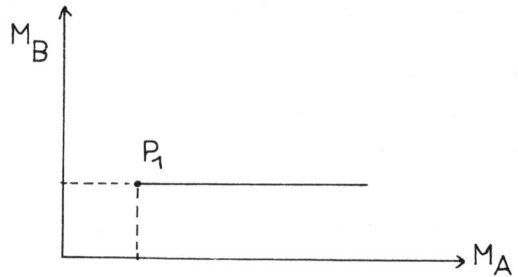

514. Zeichnen Sie in das System unter 513. die Vermehrung des Faktors B bei sich nicht erhöhendem Ertrag ein!
Antwort Seite 185

515. Verdoppeln Sie den Einsatz der Faktorenproportion M_A/M_B und bezeichnen Sie das sich dadurch ergebende neue Ertragsniveau mit P_2! Anschließend vermehren Sie getrennt nur die Menge A und nur die Menge B, wobei sich dadurch am Ertragsniveau nichts ändert!
Antwort Seite 185

516. Wie nennt man die Verbindungslinie vom Koordinatenursprung (O-Punkt) und P_1 bis P_2?
Ausdehungspfad (Leontief) bzw. Ertragsstrahl (der Verfasser).

517. Merken Sie! Wie verhält sich der Ausdehnungspfad bei konstanter Faktorproportion?
Antwort Seite 185

518. Was verstehen Sie unter variabler Limitationalität?
Um einen höheren Ertrag zu erzielen, müssen alle an der Produktion beteiligten Produktionsfaktoren vermehrt werden. Die Faktorproportion verändert sich jedoch dabei.

519. Was haben die konstante und variable Limitaionalität gemeinsam?
Die Veränderung sämtlicher an der Produktion beteiligten Produktionsfaktoren.

520. Wodurch unterscheiden sich konstante und variable Limitationalität?
Durch gleichbleibende und veränderte Faktorproportion.

521. | Gesamtertrag | Menge des Faktors A | Menge des Faktors B

(vergleichsweise)

		variable Limitationalität	konstante Limitationalität
10	8	5	5
20	16	9	.
30	24	12	.

Setzen Sie die fehlende Mengenbezeichnung des Faktors B ein!
Antwort Seite 186

522. Konstruieren Sie je ein Koordinatensystem! Die x-Achse nimmt die Menge des Faktors A auf. Auf der y-Achse erscheint die Menge des Faktors B. Die Zahlen entnehmen Sie der Frage 234. Der Gesamtertrag von 10, 20, 30, soll durch die Punkte P_1, P_2, P_3 repräsentiert werden. Die Ertragspunkte P verbinden Sie durch einen Ausdehnungs-Pfad.
Antwort Seite 186

523. Nach welchen amerikanischen Autoren nennt man die Produktionsfunktion, die sowohl linearen als auch nicht linearen Anstieg des Gesamtertrages anerkennt?
Cobb und Douglas.

524. Wie nennt man die folgenden Gesamtertragsverläufe nach der sog. Cobb-Douglas-Funktion?

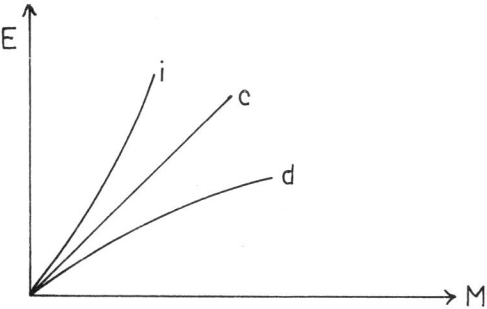

c = constant returns to scale
i = increasing returns to scale
d = decreasing returns to scale

525. Wie nennt man das Gegenteil der limitationalen Produktionsfaktoren-eigenschaft?
Substitutionale Produktionsfaktoreneigenschaft.

526. Welche ertragliche Wirkung haben Produktionsfaktoren, die substitutional zueinander sind?
a) Wenn man den einen Faktor vermehrt, kann man den anderen Faktor um eine bestimmte Menge vermindern, ohne daß sich am Ertrag etwas ändert.
b) Wenn man den einen Faktor vermehrt ohne den anderen zu vermindern, nimmt (dennoch) der Ertrag zu.

527. Wie nennt man das Verhältnis, um das man die Menge des einen Faktors vermehren und des anderen Faktors vermindern kann, ohne daß sich der Gesamtertrag verändert?
Grenzrate der Substitution.

528. Interpretieren Sie die Punkte P 1, 2, 3, im folgenden Modell, wonach jede Mengenrelation von Faktor A und B 200 Leistungseinheiten (Ertrag) wiedergeben. Wie groß ist z. B. der Faktoreinsatz für 200 Leistungseinheiten im Punkt P_2?

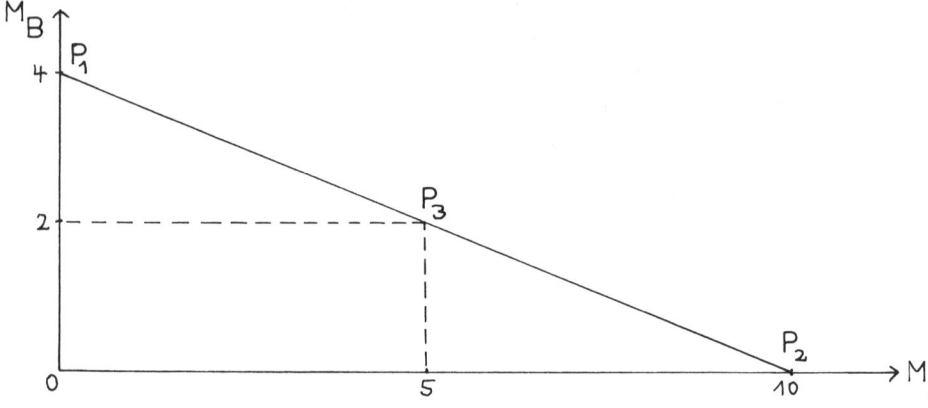

Antwort Seite 186

529. Wie nennt man eine Kurve, deren Ertragsniveau in jedem Punkte der Faktorproportion das gleiche ist?
Indifferenzkurve, auch Substitutionskurve oder Isoquante.

530. Wie nennt man die Substitutionseigenschaften der folgenden Typen von Indifferenzkurven?

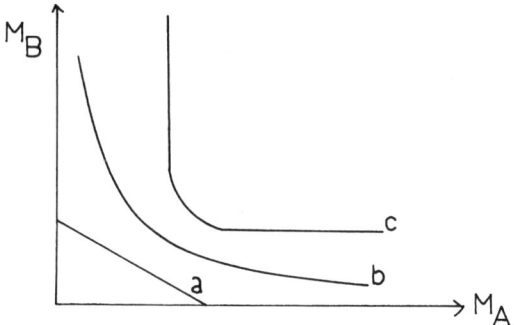

     a) Vollständige Substitution
     b) unbegrenzte Substitution
     c) begrenzte (periphere) Substitution.

531. Wie hoch ist der durch die Punkte P_1 und P_2 repräsentierte Ertragsunterschied der dazugehörigen Faktorproportion a/c und b/d?

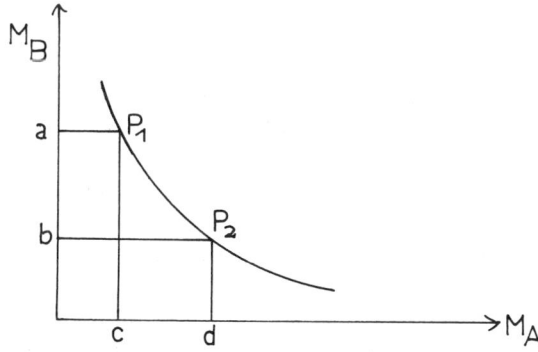

Antwort Seite 186

532.

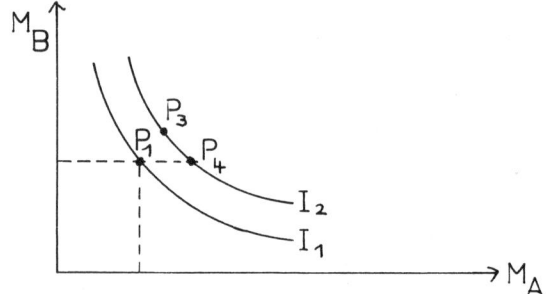

Die Kurve I_2 repräsentiert einen höheren Ertrag als die Kurve I_2.
Was geschieht vergleichsweise mit der Menge des Faktors A und des
Faktors B im Punkte P_3 des höheren Ertragsniveaus?
Um Ihre Antwort zu verdeutlichen, zeichnen Sie die neue Faktor-
proportion ein!
Antwort Seite 186

533. Durch welche Faktorenmengenänderung kommt der höhere Ertrag
auf der Indifferenzkurve I_2 (Graphik zu Frage 532.) im Punkte P_4
zustande?
Antwort Seite 186

534. Sehen Sie sich
a) Frage und Antwort 526,
b) die Punkte P_1 und P_2 in der Graphik zur Frage 531,
c) die Punkte P_1 und P_4 in der Graphik zur Frage 532
noch einmal an. Dann beantworten Sie die Fragen:
(1) In welcher Graphik kommt die Substitutionseigenschaft zum
Ausdruck, wonach der gleiche Ertrag erzielbar ist bei Vermehrung des einen Faktors unter gleichzeitiger Verminderung des
anderen Faktors?
(2) In welcher Graphik kommt die Substitutionseigenschaft zum
Ausdruck, wonach eine Ertragserhöhung durch die Vermehrung
von nur einem Faktor möglich ist?
Antwort Seite 186

535. Welche Substitutionseigenschaft liegt bei der Indifferenzkurvenschar (I_1, I_2, I_3) der folgenden Graphik vor?

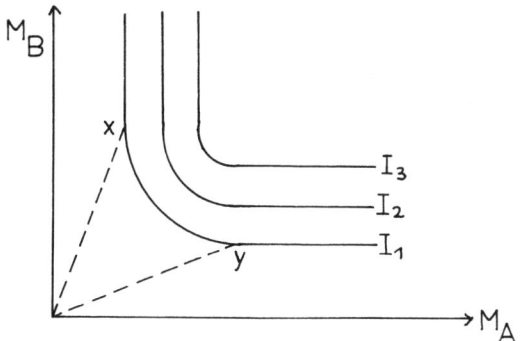

Begrenzte bzw. periphere Substitution.

536. In welchen Bereich von I_1 in der Graphik zu 535 kann der Faktor A durch den Faktor B oder umgekehrt substituiert werden, ohne daß sich die Ertragsmenge ändert?
Antwort Seite 186

537. Vermehren Sie in der folgenden Graphik allein den Faktor A über a hinaus. Ist eine Ertragsvergrößerung repräsentiert durch I_2 und I_3 denkbar?

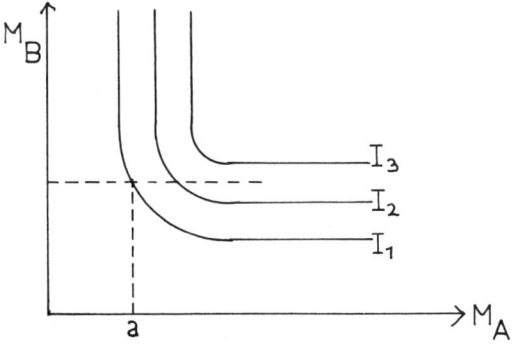

Antwort Seite 187

103

538. Was sind fixe Kosten?
Das sind Kosten, die sich bei Änderung der Ausbringungsmenge und unveränderter Kapazität nicht verändern.

539. Wie nennt man in der Kostentheorie eine Veränderung der Ausbringungs- (Leistungs-)menge bei gegebener (sich nicht ändernder) Kapazität?
Beschäftigungsvariation.

540. Entstehen fixe Kosten auch, wenn nichts produziert wird?
Ja. Man nennt sie deshalb auch Kosten der Produktionsbereitschaft.

541. Wann ändern sich die fixen Kosten?
Antwort Seite 187

542. Wie nennt man sich ändernde fixe Kosten?
Sprungfixe Kosten (Schmalenbach) bzw. intervallfixe Kosten (Gutenberg) bzw. kapazitätsbezogene Kosten (der Verfasser).

543. Konstruieren Sie ein Koordinatensystem, auf dessen x-Achse die Ausbringungsmenge 0 − 100 Stück (= Kapazität 1), 100 − 300 Stück (= Kapazität 2) und 300−600 Stück (= Kapazität 3) vermerkt sind. Auf der y-Achse stehen die fixen Kosten. Sie betragen für die Kapazität 1 400 Geldeinheiten, für die Kapazität 2 700 und für die Kapazität 3 900 Geldeinheiten.
Antwort Seite 187

544. Was sind Nutzkosten?
Das ist der rechnerische Anteil an den fixen Kosten, der entsprechend dem Beschäftigungsgrad nützlich ist. Bei 60 %iger Beschäftigung z. B. sind 60 % der fixen Kosten Nutzkosten.

545. Wie heißt das Gegenstück der Nutzkosten?
Leerkosten.

546. Wie hoch belaufen sich die Leerkosten bei 70 %iger Beschäftigung, wenn die fixen Kosten 10.000,-- DM betragen?
Antwort Seite 187

547. Interpretieren Sie die folgende Graphik:

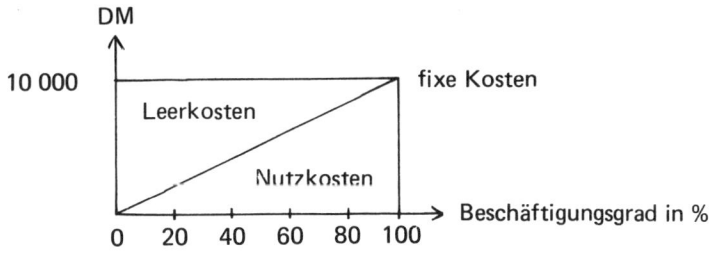

Antwort Seite 187

548. Wie verlaufen die fixen Kosten einer gegebenen Kapazität, wenn die Ausbringungsmenge vergrößert wird?
Fallend (= degressiv), weil sich die fixen Kosten auf immer mehr Produktionsmengen verteilen.

549. Vervollständigen Sie die Tabelle!

Ausbringungsmenge (Stück)	Fixe Kosten insgesamt (Geldeinheiten)	Fixe Kosten pro Stück (Geldeinheiten)
1	100	−
2	−	−
3	−	−
4	−	−

Antwort Seite 187

8. Kostenanalyse und Kostenverläufe

550. Wie heißen die Kosten, die sich bei gegebener Kapazität infolge Veränderung der Produktionsmenge verändern?
Variable Kosten.

551. Wie nennt man die Kosten, die pro weiterer Produktionseinheit zu den variablen Kosten hinzukommen?
Grenzkosten bzw. Zuwachskosten.

552. In welcher Beziehung stehen Grenzkosten und variable Kosten zueinander?
Die variablen Kosten sind addierte Grenzkosten. Mathematisch ausgedrückt: Die Grenzkosten sind das Steigungsmaß der variablen Kosten.

553. Haben die Grenzkosten etwas mit den fixen Kosten zu tun?
Nein, denn sie entstehen erst, wenn produziert wird. Sie entstehen über die fixen Kosten hinaus.

554. Ergänzen Sie die Tabelle!

Stückzahl	Grenzkosten	Variable Kosten
1	5	—
2	5	—
3	5	—
4	5	—
5	5	—

Antwort Seite 188

555. Zeichnen Sie in ein Koordinatensystem auf die x-Achse die unter 554. angegebene Stückzahl und auf die y-Achse die dort angegebenen Grenzkosten und die von Ihnen errechneten variablen Kosten!
Antwort Seite 188

556. Welchen Verlauf nehmen die variablen Kosten, wenn die Grenzkosten (Beispiel in Frage 554) konstant sind?
Antwort Seite 188

557. Was wirkt im wesentlichen auf die Kostenhöhe ein und bewirkt im Falle einer Veränderung eine Änderung der Kosten?
a) Die Ausbringungsmenge.
b) Die Betriebs- bzw. Kapazitätsgröße.
c) Die Preise der Einsatzfaktoren.
d) Die Menge der Einsatzfaktoren und deren Relation bzw. Proportion.
e) Die Qualität und Intensität der eingesetzten Einsatz- bzw. Produktionsfaktoren.

558. Was ist eine generelle Kostenfunktion?
Die Abhängigkeit der Kosten von allen wesentlichen Determinanten (vgl. 557).

559. Was ist eine spezielle Kostenfunktion?
Die Abhängigkeit der Kosten von der Ausbringungsmenge.

560. Erstellen Sie die Funktionsgleichung über die spezielle Kostenfunktion, wenn M_E die ertragliche Ausbringungsmenge und K die Kosten sind!
Antwort Seite 188

561. Was sind variabel Stückkosten?

Das sind die auf die erstellte Ausbringungsmenge (M_E) anteilig verteilten variablen Kosten (K_v), also $K_v : M_E$.

562.

Stückzahl	Grenzkosten	Variable Kosten	Variable Stückkosten
1	8	8	–
2	8	16	–
3	8	24	–
4	8	32	–

Vervollständigen Sie die Tabelle!

Antwort Seite 188

563. Erkennen Sie! Wie verhalten sich variable Stückkosten und Grenzkosten zueinander, wenn die Grenzkosten konstant sind?

Antwort Seite 188

564. Aus welchen zwei Grundtypen setzen sich die Kosten zusammen?

Aus fixen und variablen Kosten.

565. Setzen Sie nachträglich in die Graphik Ihrer Antwort zur Frage 554. den Verlauf der Gesamtkosten ein, wenn die fixen Kosten 10 Geldeinheiten betragen!

Antwort Seite 189

566. Was sind Durchschnittskosten (K_D) bzw. gesamte Stückkosten?

Das sind die auf die Ausbringungsmenge verteilten Gesamtkosten (K_G), also $K_D = K_G : M_E$.

567.

Stückzahl	Gesamtkosten	Durchschnittskosten
1	15	–
2	20	–
3	25	–
4	30	–
5	35	–

Ergänzen Sie die Tabelle!

Antwort Seite 189

568. Erkennen Sie! Wie verlaufen die Durchschnittskosten bei linearer Kostenfunktion (= konstanten Grenzkosten)?

Antwort Seite 189

569. Wie nennt man einen fallenden Kostenverlauf bei zunehmender Ausbringungsmenge?

Kostendegression.

570. Was versteht man unter Betriebsoptimum?
Das ist die Ausbringungsmenge mit den geringsten Durchschnitts-
bzw. Stückkosten.

571. Annahmen: Gegebene Betriebskapazität und damit gegebene fixe
Kosten. Lineare Kostenfunktion wie in den vorherigen Beispielen.
Wann ist das Betriebsoptimum erreicht?
Antwort Seite 189

572. Wie nennt man die spezielle Kostenfunktion, wenn behauptet wird,
die Grenzkosten wären nicht konstant, sondern verliefen u-förmig?
Kubisch-parabolische Kostenfunktion.

573. Wie stehen Grenzkosten und variable Kosten zueinander (Wiederholungsfrage)?
Variable Kosten sind addierte Grenzkosten. Die Grenzkosten sind
das Steigungsmaß der variablen Kosten.

574.

Ausbringungsmenge	Grenzkosten	Variable Kosten
1	5	—
2	4	—
3	3	—
4	5	—
5	8	—

Ergänzen Sie die Tabelle!
Antwort Seite 189

575. Da Ihnen inzwischen bekannt ist, was variable Stückkosten sind (Frage
561), können Sie unschwer die Tabelle vervollständigen:

Ausbringungsmenge	Variable Kosten	Variable Stückkosten
1	5	—
2	9	—
3	12	—
4	17	—
5	25	—

Antwort Seite 189

576. Erkennen Sie! Wie verhalten sich die variablen Stückkosten, wenn
die Grenzkosten u-förmig verlaufen?
Antwort Seite 190

577. Wie nennt man bei u-förmigem Verlauf
a) den Tiefpunkt der Grenzkostenkurve,

b) den Tiefpunkt der variablen Stückkostenkurve?
a) Schwelle des Ertragsgesetzes.
b) Betriebsminimum bzw. Produktionsschwelle.

578. Was ist ein Punktdiagramm?
Es handelt sich um ein Koordinatensystem, in dem die x-y-Beziehungen bzw. Funktionen durch Punkte dargestellt werden.

579. Zeichnen Sie die folgenden Werte in ein Punktdiagramm und verbinden Sie die sich ergebenden Punkte der einzelnen Kostentypen je durch eine kontinuierliche Linie.

x-Achse	y-Achse		
Ausbringungsmenge	variable Kosten	Fixe Kosten	Gesamtkosten
1	5	10	15
2	9		19
3	12		22
4	17		27
5	25		35

Antwort Seite 190

580. Errechnen Sie die Durchschnittskosten eines kubisch-parabolischen Gesamtkostenverlaufes:

Ausbringungsmenge	Gesamtkosten	Durchschnittskosten
1	15	—
2	19	—
3	22	—
4	27	—
5	35	—
6	45	—

Antwort Seite 190

581. Erkennen Sie! Wie verlaufen die Durchschnittskosten bei kubisch-parabolischer Kostenfunktion?
Antwort Seite 190

582. Wo liegt im Beispiel Nr. 580 und wo grundsätzlich das Betriebsoptimum bei kubisch-parabolischer Kostenfunktion?
a) Im Beispiel der Frage 580 liegt das Betriebsoptimum bei 4 Stück.
b) Grundsätzlich liegt das Betriebsoptimum im Tiefpunkt der Durchschnittskostenkurve.

583. Analysieren Sie folgende Graphik!

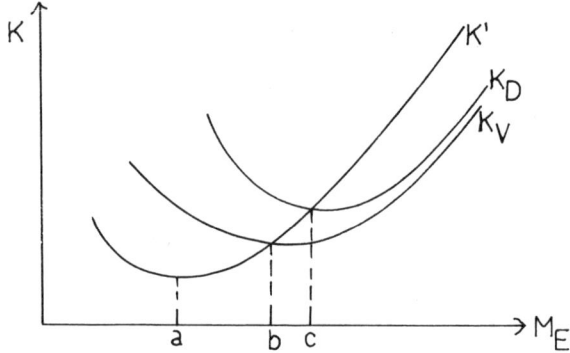

Es handelt sich um eine kubisch-parabolische Kostenfunktion, bei der alle stückbezogenen Kosten (Grenzkosten K', Durchschnittskosten K_D und variable Stückkosten K_V) u-förmig verlaufen.
Die Tiefpunkte heißen:
a: Schwelle des Ertragsgesetzes
b: Betriebsminimum
c: Betriebsoptimum.
Die ansteigende Grenzkostenkurve schneidet (mathematisch-gesetzmäßig) die variable Stückkosten- und die Durchschnittskostenkurve je in deren Minimum.

584. Vervollständigen Sie folgende Tabelle:

Ausbringungs- menge	Fixe Kosten	Grenzkosten	Variable Kosten	Variable Stück- kosten	Gesamt- kosten	Durch- schnitts- kosten
1	20	8	–	–	–	–
2		7	–	7,5	–	–
3		6	21	–	41	–
4		7	–	–	–	12
5		9	–	–	–	–
6		12	–	–	–	–
7		16	–	–	–	–

Antwort Seite 190

585. Erstellen Sie aus den Zahlen der Tabelle zu 584 zwei Graphiken
a) mit variablen Kosten, fixen Kosten, Gesamtkosten (das Ergebnis muß grundsätzlich mit dem Kostenverlauf in der Zeichnung zu 579 übereinstimmen),

110

b) mit Grenzkosten, variablen Stückkosten, Durchschnittskosten (das Ergebnis muß grundsätzlich mit dem Kostenverlauf in der Zeichnung zu 583 übereinstimmen)!
Antwort Seite 191

586. Was ist eine Bilanz-, als Unternehmungs- bzw. Ausgabengerade?
Auf der x-Achse trägt man die Menge des Produktionsfaktors A ab, die man bei bestimmten Kostenpreis für die dem Unternehmen zur Verfügung stehende Geld- bzw. Ausgabensumme kaufen kann.
Auf der y-Achse desselben Koordinatensystems trägt man die Menge des Produktionsfaktors B ab, die man bei dessen Preis alternativ mit derselben Ausgabensumme kaufen kann.
Die Verbindung der beiden gen. Mengen zu einer Geraden ergibt die Bilanz-, bzw. Unternehmungs-, bzw. Ausgabengerade. Sie zeigt in jedem Punkte ihres Verlaufes die Mengenrelation der beiden Produktionsfaktoren an, die man bei deren Preisen und der geldlichen Verfügungssumme kaufen und betrieblich einsetzen kann.

587. Interpretieren Sie folgende Graphik!

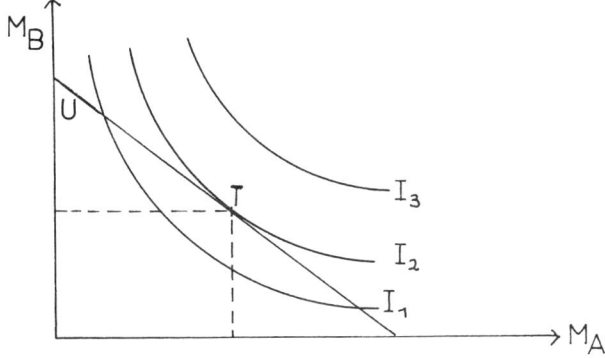

Die Gerade U stellt die Ausgabengerade dar, die unter 586. erklärt wurde. I_1, I_2, I_3 sind die Isoquanten. Pro Kurve geben sie die Mengenrelationen der Faktoren A und B an, die den gleichen Mengenertrag leisten. Die jeweils höhere I-Kurve drückt einen jeweils höheren Ertrag aus.
Im Punkte T, wo die Ausgabengerade zur Tangente an der Kurve I_2 wird, liegt die *Minimalkostenkombination.*

Bei der zur Verfügung stehenden Geldsumme und den Preisen der beiden Produktionsfaktoren ist kein kostengünstigeres Kombinations- bzw. Ertragsverhältnis zu finden. I_3 liefert zwar einen höheren Ertrag. Dafür steht aber keine Geldsumme zur Verfügung. I_1 liefert einen geringeren Ertrag. Jedoch kann man für die Geldverfügungssumme ein günstigeres Verhältnis zwischen Kosten(Ausgabe) und Ertrag finden, nämlich auf I_2.

III. Der Absatz

A. Die Absatzvorbereitung und die Werbung

1. Marktforschung und Markterkundung

588. Was bedeutet Marktforschung?
Die Marktforschung ist von allgemeingültiger Natur, sie entwickelt Methoden zur Erforschung des Marktes, sie wendet diese wissenschaftlichen Methoden abwägend an. Die Marktforschung sucht die Hintergründe hinter den Marktereignissen. Sie erforscht Ursachen und Wirkungen. Vielleicht sagt man besser: Anlässe und Folgen, weil sie nicht nach psychologischen Hintergründen forscht.

589. Ist Markterkundung dasselbe wie Marktforschung?
Nein. Markterkundung ist eine spezielle, konkrete Tätigkeit der Betrachtung der Märkte und ihrer Einzeldaten. Sie geht nicht wissenschaftlich-methodisch vor. Sie erkundet das Seiende. Was ist? (Markterkundung.) Warum ist es so? (Marktforschung.)

590. Ist Marktbeobachtung und Marktanalyse dasselbe?
Nein. Die Marktbeobachtung ist deshalb vergangenheitsbezogen, weil sie die gemeinten Marktvorgänge über längere Zeiträume hinweg verfolgt. Obendrein ist sie globaler und kompakter. Die Marktanalyse ist gegenwartsbezogen. Sie untersucht die im Augenblick bestehenden Marktsituationen und betrachtet die einzelnen Marktelemente und ihre Zusammenhänge.

591. Wie bezeichnet man die Untersuchung der in die Zukunft gerichteten Marktentwicklung?
Marktprognose.

592. Können Marktbeobachtung, Marktanalyse und Marktprognose durch Marktforschung und durch Markterkundung geschehen.
Ja, denn das eine ist eine Methodenfrage und das andere eine zeitbezogene Objektfrage.

593. Was ist beobachtende Marktforschung z. B. im Gegensatz zur analysierenden Markterkundung?
Antwort Seite 192

594. Ziehen Sie alle denkbaren Verbindungslinien und kommentieren Sie die Zusammenhänge!

Marktforschung   Markterkundung

Marktbeobachtung   Marktanalyse   Marktprognose

Antwort Seite 192

595. Auf welche Daten (Objekte) bezieht sich die Markterkundung hauptsächlich?

Auf Preise, Erzeugungsmengen, Bedarf, Warenart und -qualität, Wettbewerbslage, Werbung, Beschaffungs- und Absatzlage zu verschiedenen Zeitpunkten.

596. Welcher Hilfsmittel kann sich die Markterkundung (Marktforschung) bedienen?

Man kann spezielle Befragungen durchführen, Statistiken aufstellen und schon bestehendes Quellenmaterial exzerpieren.

597. Bei der Aufstellung eines mittels Markterkundung fundierten Absatzplanes müssen Einzelheiten festgelegt werden. Welche?

Die Bestimmung über die Absatzwege, über die Absatzware und über das Vertriebssystem.

598. Was versteht man unter Absatzintrodukktion im Gegensatz zu Absatzökonomisierung?

Unter Absatzökonomisierung versteht man alle planerischen und effektiven Tätigkeiten, den Umsatz einer schon am Markt bekannten Ware in einem schon vorhandenen Absatzgebiet zu intensivieren. Bei der Absatzintrodukktion handelt es sich um die Bemühung, ein neues Produkt oder ein schon bestehendes in einem von diesem Produkt noch unberührten Gebiet abzusetzen.

599. Vergleichen Sie Meinungs- und Motivforschung!

Durch die Meinungsforschung (die besser Meinungserkundung heißen sollte) wird nach den Vorstellungen, Urteilen, Ansichten, Werturteilen der Marktteilnehmer gefragt. Es handelt sich also mehr um eine „daß-es-so-ist-Erkundung". Bei der Motivforschung handelt es sich tatsächlich um Forschung. Es wird nach den Gründen und Ursachen der Verhaltensweisen geforscht. Es liegt also eine Art „warum-es-so-ist-Forschung" vor[15].

---

15 Vgl. Brunhilde Herms, Quantitative und qualitative Motivationenanalyse der Konsumentscheidungen von Schülern und Studenten, Köln 1972, S. 20/21.

600. Was ist ein Motiv?

Ein Motiv ist ein Beweggrund des Tuns und Wollens[16].

601. Was beinhaltet die Motivation?

Motivationen sind die Bestimmungen des Willens durch Motive.

602. Was ist der Unterschied zwischen Motiv- und Motivationenforschung?

Antwort Seite 192

603. Aus welchen Stufen besteht eine Markt- und Motivforschung?

1) Aus der Erhebung der Befragungsobjekte oder Befragungssubjekte unter Einschluß einer Bestimmung der Auswahlmethoden, des Befragungsinhaltes und der Befragungsmenge (Stichprobenumfang).

2.) Aus der Auswertung unter Einschluß einer Bestimmung der Auswertungsverfahren.

2. Aus der Interpretation des Ausgewerteten unter entsprechender Weitergabe an die Verwertungs- bzw. Entscheidungsstelle[17].

2. Absatzplanung und Absatzdisposition

604. Was ist Absatz?

Absatz ist zu verstehen als:

a) ein Begriff des Rechnungswesens. Dann ist er identisch mit dem Umsatz in Mengen und/oder Werten ausgedrückt.

b) ein Vorgang, eine auf den Verkauf eingestellte prozessuale Leistung, also eine Betriebsfunktion bzw. ein materieller Betriebsprozeß.

605. Ist Vertrieb und Absatz dasselbe?

Nein. Vertrieb ist die organisatorische Gestaltung des Absatzes.

606. Wie sollte die Abteilung in einem Unternehmen heißen, die die Aufgabe des Absatzes bzw. Verkaufes zu erfüllen hat, Absatz- oder Vertriebsabteilung?

Antwort Seite 192

607. Finden Sie das Wort „Vertriebsorganisation" berechtigt?

Antwort Seite 192

---

16 Vgl. Dorsch-Giese, Psychologisches Wörterbuch, Tübingen 1950

17 Vgl. A. Scheibler, Wirtschaftsstatistik in Theorie und Praxis, Herne 1972

608. Grenzen Sie Verkauf gegenüber Vertrieb und Absatz ab!

Verkauf ist die einzelne absetzende Tätigkeit, wie sie durch einen Verkäufer erfolgt. Die Verkäufer sind Angestellte der Vertriebsabteilung. Die Vertriebsabteilung ist zuständig für die Betriebsfunktion des „Absatzes"[18].

609. Formulieren Sie durch je ein Erklärungswort:

a) Absatz

b) Vertrieb

c) Verkauf!

Antwort Seite 192

610. Aus welchen beiden Teilen besteht der materielle Absatzprozeß?

Aus der Absatzvorbereitung und dem Absatzvollzug.

611. Was zählt zur Absatzvorbereitung?

Marktforschung oder Markterkundung, Absatzplanung, Werbung, Produktentwicklung, Vertrieb im Sinne von Organisation, Verkaufsförderung.

612. Welche Teilaufgaben schreiben Sie dem Absatzvollzug zu?

Lagerung, Verkauf, Abwicklung, Versand, Zustellung, Inkasso, Kundendienst, Mängelbeseitigung.

613. Erkennen Sie einen Unterschied zwischen Planung und Disposition?

Planung ist grundlegend und langfristig. Sie postuliert ein Soll. Disposition ist kurzfristig. Sie realisiert ein Sein.

614. Sie wissen nunmehr, was Absatz ist und kennen den Unterschied zwischen Planung und Disposition. Erklären Sie deshalb den Unterschied zwischen Absatzplanung und Absatzdisposition!

Antwort Seite 192

615. Was verstehen Sie unter dem absatzpolitischen Instrumentarium?

Das sind die Methoden und Mittel, mit deren Hilfe der Absatzbereich gestaltet und zum Erfolg geführt wird.

616. Sehen Sie irgendeine Verbindung zwischen Absatzplan und absatzpolitischem Instrumentarium?

Ja. Der Absatzplan enthält die Entscheidungen, wie sie unter den Alternativen des absatzpolitischen Instrumentariums getroffen wurden.

---

18 Vgl. A. Scheibler, Theorie und Praxis der Unternehmensführung, Band 2, Entscheidungs- und Leitungssysteme, Köln 1973

617. Welche Entscheidungen schlagen sich im Absatzplan nieder?
Die Entscheidungen über die Verkaufsobjekte (Erzeugnisse, Waren), die Entscheidungen über den Verkauf und über die Vertriebstechnik.

618. Vergleichen Sie Absatzplan mit Absatzplanung!
Antwort Seite 192

619. Welche Entscheidungen über die Erzeugnisse bzw. Waren gelangen in den Absatzplan?
1. Das Aussehen und alle anderen Produkteigenschaften.
2. Der wahrscheinlich erzielbare Preis.
3. Die wahrscheinlich absetzbare Menge.

620. Was können Sie mit Hilfe der Punkte 2. und 3. der vorangegangenen Antwort berechnen?
Antwort Seite 192

621. Nehmen Sie an, Sie kennen aus der Kostenplanung auch die wahrscheinlichen Gesamtkosten (Beschaffungs-, Erzeugungs-, Verwaltungs-, Vertriebskosten). Was können Sie dann unter Rücksichtnahme auf die vorangegangene Frage zusätzlich berechnen?
Antwort Seite 192

622. Welche den Verkauf betreffenden Entscheidungen finden ihren Niederschlag im Absatzplan?
Es werden festgelegt:
1. der Absatzweg
2. das Vertriebssystem
3. die Absatzmethode

623. Kommen auch werbeplanerische Entscheidungen in den Absatzplan?
Das ist möglich. Es ist aber auch denkbar, daß neben dem Absatzplan ein gesonderter Werbeplan besteht.

624. Welche vertriebstechnischen Entscheidungen werden im Absatzplan festgelegt?
1. Die Transportmittel.
2. Die Transportwege.
3. Die Versand- oder Abholtechniken.
4. Die Konditionen (Rabatte, Skonti, Frachtsätze, Verpackungskosten).
5. Die Verkehrsbeziehungen mit den Kunden (Brief-, Fernschreib-, Telefonverkehr, persönliche Besuche).

625. Womit haben die Absatzdispositionen im wesentlichen zu tun?
1. Mit der Konkretisierung der Absatzplanung von Fall zu Fall.
2. Mit der notwendigen Umänderung von Planungsdaten, die sich aus Elastizitätsgründen ergeben (sog. Umdisposition).

626. Steht der Absatzplan zu anderen Plänen in Beziehung?
Ja. Er muß mit den Plänen der anderen Leistungsbereiche koordiniert werden.

627. Mit welchen Leistungsbereichen (materiellen Betriebsprozessen, Betriebsfunktionen) muß der Absatzplan koordiniert werden?
Antwort Seite 193

3. Werbefunktionen und Werbeplanung

628. Was ist Werbung?
Werbung ist jede Tätigkeitsentfaltung, die das Ziel hat, andere Personen für bestimmte Zwecke zu gewinnen. Werbung ist also ein Mittel zum Zweck.

629. Erklären Sie die Begriffe Reklame und Propaganda!
Werbung ist ein Oberbegriff. Wirtschaftliche bzw. geschäftliche Werbung nennt man Reklame, politische Werbung dagegen Propaganda.

630. Kennen Sie außer der wirtschaftlichen und politischen Werbung noch andere Arten der Werbung?
Religiöse, humanitäre, soziale, wissenschaftliche, künstlerische und weltanschauliche Werbung.

631. Welche Grundfunktion übt die Wirtschaftswerbung aus?
Eine Umsatzfunktion. Geht man von den vier Betriebsfunktionen: Einkauf, Produktion, Verwaltung und Verkauf aus, dann ist die Werbung ein Mittel, der Verkaufsfunktion zu dienen.

632. Wann ist die Werbung wirtschaftlich?
Wenn die Reklamekosten durch den höheren Umsatz im Gewinn hereinkommen oder sogar überkompensiert werden.

633. Übt die Werbung noch andere Funktionen als die Umsatzfunktion aus?
Ja. Sie sorgt für Preisverbilligung (größerer Umsatz, stärkere Kostendegression), für Qualitätsverbesserung (Konkurrenzdruck durch Reklame) und für Ertragssteigerung (quantitativ und wertmäßig).

634. Hat die Werbung auch gesamtwirtschaftliche Aufgaben?
Sie wirkt bedarfsweckend, bedarfslenkend und bedarfsdeckend.

635. Warum werden Werbeprinzipien aufgestellt?

Damit die Werbung alle (genannten) Werbefunktionen, vor allem die Umsatzfunktion, überhaupt und gut ausübt, werden Werbeprinzipien aufgestellt, die der Werbende beachten sollte.

636. Nennen Sie die Werbeprinzipien!

Grundsatz der Wirksamkeit, Grundsatz der Wirtschaftlichkeit, Grundsatz der Zielklarheit, Grundsatz der Einheitlichkeit, Grundsatz der Stetigkeit und Planmäßigkeit, Grundsatz der Originalität und Aktualität, Grundsatz der Wahrhaftigkeit, Grundsatz der künstlerischen Ausgestaltung.

637. Welche werbeplanerische Daten legt der Generalplan fest?

Das Endziel der Werbung, besonders im Hinblick auf die Kosten, die Werbeart und den Werbeerfolg. Er legt aber auch die einzelnen Stufen und Periodenziele fest.

638. Was will der Werbeetat (Periodenwerbeplan)?

Ausgehend vom Gesamtbetrag, der für die Werbung (ein Jahr betreffend) ausgegeben werden soll, wird genau festgelegt, welche Teilsummen in den einzelnen Monaten für welche Werbearten (Werbekünder, wie z. B. Zeitungen, Plakate) in Mengen und Prozent ausgegeben werden dürfen. Dabei wird für unvorgesehene Sonderfälle stets ein Reservebetrag zurückgehalten.

639. Was geschieht durch den Werbestreuplan?

Der Werbestreuplan bezieht sich auf eine Werbeart (einen Werbekünder, z. B. Zeitung). Durch ihn wird festgelegt, an welchen Tagen eines Monats, in welcher Zeitung und Ausgabe und unter welcher Inseratennummer geworben werden soll.

640. Welchen Unterschied sehen Sie zwischen Auswahl- und Zufallstreuung?

Bei der Auswahlstreuung richtet man seine Werbung an einen ausgewählten Kreis (wissenschaftliche Bücherwerbung bei Studenten z. B.). Bei der Zufallstreuung überläßt man es dem Zufall, wer die werblichen Ausführungen entgegennimmt (Zahnpastawerbung in Tageszeitung z. B.).

641. Wenn das Werbematerial verstreut werden soll, kann man sich an verschiedene Kreise von Umworbenen richten. An welche?

Man kann sich jeweils an einen Einzelnen richten (Verkaufsgespräch im Laden, Einzelstreuung); man kann sich an eine bestimmte Gruppe von Menschen richten (Tennisschlägerwerbung in Tennisverbandszeitschrift, Gruppenstreuung); man kann sich aber auch an die Allgemeinheit wenden (Plakat an einer Litfaßsäule, Allgemeinstreuung).

642. Was sind Streumittler bzw. Streumedien?

Das sind die Personen und Institutionen, die das Werbematerial verstreuen. Man unterscheidet eigene und fremde Streumittler, je nachdem, ob sich der Unternehmer eigener oder unternehmungsfremder Kräfte bedient.

643. An welche zeitlichen Dispositionen muß man bei der Werbedurchführung (Streuung) denken?

An die regelmäßige Wiederkehr der Werbung (Streuperiode), an die Dauer der jeweiligen Durchführung (Streudauer) und an den zeitlichen Anhaltegrad der Werbung (Wirkdauer).

644. Welche örtlichen Dispositionen müssen bei der Werbedurchführung (Streuung) getroffen werden?

Man muß das Gesamtgebiet festlegen, in dem geworben werden soll (Streufeld). Des weiteren müssen die einzelnen Orte genau festgelegt werden, in denen jeweils das Werbematerial angebracht, verteilt, mitgeteilt werden soll (Streuort). Man muß sich aber auch über den örtlichen Bereich im klaren sein, von dem die Werbeeinwirkung ausgehen (Wirkort) und hinstrahlen (Wirkbereich) soll.

645. Was versteht man unter Streustärke?

Darunter versteht man das Produkt aus Streumenge und Streuhäufigkeit des Werbematerials.

646. Welche Zahlen wird ein werbendes Unternehmen aufstellen, um seinen Werbeerfolg zu messen?

Er wird von der Zahl derjenigen ausgehen, an die die Werbung gerichtet war (Werbegemeinte, Adressatenzahl). Er wird sich weiter dafür interessieren, welche der Umworbenen von der Werbung berührt sind (Werbeberührte, Perzeptionszahl). Ferner möchte er wissen, welche Personen und wieviel sich stärker beeindrucken ließen (Werbebeeindruckte, Apperzeptionszahl). Und schließlich sind ihm am wichtigsten diejenigen, die auf Grund der Werbung kaufen (Werbeerfüller, Akquisitionszahl) oder zumindest die Werbeidee weitergeben (Werbeweiterplanzer, Propagationszahl).

4. Werbeaktivität und Werbewirkung

647. Auf welche Wahrnehmungsvorgänge muß die Werbung wirken, damit ein Werbeerfolg verzeichnet werden kann?

Auf die Aufmerksamkeit, die Sinne, das Gedächtnis und das Gefühl. Nur wenn Aufmerksamkeitswirkung, Gedächtnis- und Gefühlswirkung erzielt werden, kann es zur Willenswirkung und Willens-(Kauf-)handlung kommen.

648. Was ist ein Werbekünder?
Das ist die Ausdrucksform der Werbung.

649. Welche Arten von Werbekünder kennen Sie?
Werbemittel und Werbehilfen.

650. Was sind Werbemittel?
Das sind Objekte, die unmittelbar und zweckgewollt ausschließlich der Werbung dienen. Man kann unterscheiden: persönliche Werbemittel (Dialog, Rede, Lied, Musik, Drama, Aktion und Umzug) graphische Werbemittel (Drucksachen, Annoncen, Plakate, Filme, Lichtbilder) und gegenständliche Werbemittel (Werbegeschenke, Werbegebäude.

651. Was sind Werbehilfen?
Das sind Objekte, die grundsätzlich einem anderen als Werbezweck dienen, nebenbei aber auch eine Werbefunktion miterfüllen. Man kann unterscheiden: Direkte Werbehilfen (Lieferwagen mit Beschriftung z. B.) indirekte Werbehilfen (Ruf der Firma, Qualität der Waren z. B.).

652. Aus welchen Teilen setzt sich ein Werbekünder zusammen?
Aus einem Stoffteil und einem Wirkteil.

653. Welche Stoffteile des Werbekünders kennen Sie?
Werbesubstrat (oder direkter Stoffteil, z. B. Papier des Plakats) und Werbeträger (oder indirekter Stoffteil, z. B. die Litfaßsäule).

654. Was verstehen Sie unter Wirkteil?
Das ist das am Werbekünder und durch den Werbekünder Wirkende (ein Argument oder eine bestimmte Farbe z. B.).

655. Was verstehen Sie unter Werbekonstante und Werbevariable?
Um die Dauerhaftigkeit des Werbeerfolges zu sichern, bedient man sich der Werbekonstante (gleiche Zeichen, gleiche Farbe z. B.). Um sich den Umworbenenschichten oder den Saisonbedingungen anzupassen, bedient man sich der Werbevariablen (z. B. sich ändernder angepaßter Text).

656. Was sind Werbeelemente?
Das sind die letzten wirksamen Bestandteile des Werbewirkers, also

des wirksamen Teils der Werbung (Form, Größe, sinnliche Elemente, gedankliche und gefühlsmäßige Elemente).

657. Was sind Werbefaktoren?

Das sind laufend wiederkehrende Elementeverbindungen von Werbewirkern, wie Sprache, Schrift, Bild, Musik. (Nach Seyffert auch noch Handlung, Gegenstand, Vergünstigung.)

B. Die Absatzgestaltung und der Handelsverkehr

5. Vertriebssysteme und Absatzwege

658. Was ist ein Vertriebssystem?

Die organisatorische Regelung des Absatzes.

659. Vergleichen Sie Vertriebssystem mit Absatzform!

Bei der Absatzform handelt es sich um die Organseite des Verkaufes. Es wird entschieden, wer verkauft und wie verkauft wird. Beim Vertriebssystem handelt es sich um die Zuordnung der Absatzaufgabe auf betriebliche Stellen. Die Aufgabenträger des Absatzes, ihre örtliche und funktionale Erfüllung, Verantwortung und Befugnis werden festgelegt.

660. Ist Absatzform das gleiche wie Absatzweg?

Nein. Der Absatzweg gibt Auskunft darüber, ob der Absatzprozeß und die damit verbundenen Verkaufshandlungen direkt oder indirekt mit dem Endverbraucher zu tun haben, d. h. ob der selbständige Handel zwischen Erzeuger und Verbraucher zwischengeschaltet ist oder nicht. Die Absatzform sagt in erster Linie an, durch welche Typen von Personen der Verkauf (die Verkaufshandlung) vorgenommen wird.

661. Wie sieht ein Filialsystem aus, wenn sich die Erzeuger eines solchen Vertriebssystems bedienen?

Der Erzeuger setzt seine Produkte durch eigene Filialhandlungen auf der Ebene des Einzelhandels ab.

662. Nennen Sie bekannte deutsche Beispiele für ein erzeugerorientiertes Filialsystem!

Antwort Seite 193

663. Welche Produkt- bzw. Herstellungstypen eignen sich am ehesten für ein erzeugerorientiertes Filialsystem?

Massenverbrauchsgüter.

664. Wie geschieht der Absatz organisatorisch bei einem werksgebundenen Vertriebssystem?

Die Herstellerfirma hat eine juristisch selbständige, aber wirtschaftlich völlig von ihr abhängige Vertriebsgesellschaft organisiert. Diese Gesellschaft betreibt den Absatz.

665. Wann lohnt sich ein werksgebundenes Vertriebssystem?

Wenn das Herstellungsprogramm des Erzeugers nach Quantität und Sortiment so groß ist, daß sich eigene Vertriebsgesellschaften mit entsprechenden Verkaufsstellen lohnen.

666. Nennen Sie bekannte deutsche Beispiele für ein werksgebundenes Vertriebssystem!

Antwort Seite 193

667. Wie sieht die Vertriebsorganisation aus, wenn ein Erzeuger sich weder eines Filialsystems noch eines werksgebundenen Vertriebssystems bedient?

Der Vertrieb wird dann von rechtlich und wirtschaftlich selbständigen Unternehmen übernommen, wie dies bei Kartellen und Genossenschaften für ihre Mitglieder geschieht. Der Vertrieb ist organisatorisch ausgegliedert.

668. Was verstehen Sie unter einer zentralen Vertriebsorganisation eines bestimmten Unternehmens?

Bestellung, Verkauf, Transport und Bezahlung erfolgen von einer einzigen Stelle des Unternehmens.

669. Sehen Sie Vor- und Nachteile einer zentralen Vertriebsorganisation?

Vorteilig ist die Übersicht. Das Transportwesen kann einheitlich, vollbeschäftigt und kostengünstig ausgebaut und ausgenutzt werden. Das Mahnungswesen und die Inkassotätigkeiten sind überschaubarer. Der sich an die Finanzen anschließende Finanzplan ist schneller erstellbar.

Nachteilig ist der fehlende Direktkontakt zu den Kunden. Längere Liefer- und Anlieferzeiten sind denkbar. Es bestehen Reklamationsschwierigkeiten bei den Kunden.

670. Beurteilen Sie das dezentrale Vertriebssystem.

Antwort Seite 193

671. Welches sind die beiden grundlegenden Absatzformen?

Der Verkauf durch betriebseigene Verkaufsorgane und der Verkauf mit Hilfe betriebsfremder Verkaufsorgane.

672. Nennen Sie betriebsfremde Verkaufsorgane!
Handelsvertreter, Kommissionäre und Makler.

673. Welches ist der grundlegende Unterschied zwischen den drei in der vorigen Antwort genannten betriebsfremden Verkaufsorganen?
Handelsvertreter und Kommissionäre sind Partei. Sie vertreten den Beauftrager und handeln für ihn. Makler sind unparteiisch. Sie führen die Verkaufs- und Kaufwilligen zusammen.

674. Nennen Sie vergleichsweise zu den beiden vorangegangenen Fragen betriebseigene Verkaufsorgane!
Antwort Seite 193

675. Wovon machen Sie die Entscheidung abhängig, ob man seinen Verkauf mit betriebseigenen oder betriebsfremden Organen betreibt?
a) Vom Vorhandensein verkaufsgeschulter Kräfte.
b) Vom Eingeführtsein der Produkte.
c) Vom Bekanntsein der (fremden) Kräfte am Markt.

676. Konstruieren Sie das Vorhandensein der in der vorangegangenen Antwort gegebenen Kriterien so, daß sich dabei eindeutig eine Entscheidung für den Verkauf durch betriebsfremde Organe ergibt!
Antwort Seite 193

677. Was besagt, der Absatz erfolgt durch den direkten Absatzweg? (Wiederholungsfrage.)
Antwort Seite 193

678. Was erklärt der indirekte Absatzweg?
Der Absatzprozeß schließt vom Erzeuger aus gesehen den Groß- und/oder Einzelhandel mit ein. Der Erzeuger hat keinen direkten Absatzkontakt zu den Endverbrauchern.

679. Wovon sollte man die Entscheidung abhängig machen, ob ein Erzeuger seinen Absatz mit oder ohne Einschaltung des selbständigen Handels betreiben kann?
a) Vom Produktionsumfang des Erzeugers.
b) Vom Bekanntsein der Firma am Markt.
c) Vom Bekanntsein der Produkte am Markt.
d) Vom Prestigehabitus des Erzeugers.

680. Konstruieren Sie die Kriterien der vorangegangenen Antwort so, daß dabei eine eindeutige Entscheidung für den indirekten Absatzweg ansteht!
Antwort Seite 193

681. Vergleichen Sie eine verkürzte Handelskette mit einer Handelsketten-kürzung!

Eine Handelskettenkürzung ist eine Verkürzung des bislang be-stehenden Absatzweges. Ein Erzeuger, der bislang über den Groß-handel absetzte und nunmehr den Großhandel ausschaltet und nur noch den Einzelhandel beliefert, nimmt eine Handelskettenkürzung vor. Eine verkürzte Handelskette ist zu kurz. Es hat sich herausge-stellt, daß der Absatzweg nicht lang genug ist, daß also bestimmte Handelsfunktionen unausgeübt bleiben.

682. Erklären Sie umkehrproportional zur vorangegangenen Antwort, was eine Handelskettenverlängerung und was eine überlängte Handelskette ist?

Antwort Seite 193

683. Was besagt das Schär'sche Gesetz?

Das Schär'sche Gesetz warnt davor, unbesehen den Handel aus-zuschalten, also eine Handelskettenkürzung vorzunehmen. Wer ein Handelsglied (Groß- oder Einzelhandel) ausschaltet, soll wissen, was dieses Glied der Handelskette leistet und ob er, der Ausschaltende, dessen Funktion vollwertig zu übernehmen fähig ist.

6. Absatzpolitik und Absatzdurchführung

684. Welche Instrumente zählt Gutenberg zum absatzpolitischen Instru-mentarium?

1. Die Absatzmethoden (Vertriebssysteme, Absatzformen und Ab-satzwege), wie sie im vorangegangenen Abschnitt behandelt wurden.

2. Die Preispolitik (bei verschiedenen Marktformen), wie sie hier unter C. noch behandelt werden wird.

3. Die Produktgestaltung (einschl. technischen Fortschritt, Mode, Warenmarken, Packungen und Sortimente).

4. Die Werbung, wie sie hier unter A. bereits erfragt worden ist[19].

685. Kennen Sie andere deutsche Autoren und die Titel ihrer Werke, die sich mit dem absatzpolitischen Problemkreis beschäftigt haben und z. T. andere bzw. noch andere absatzpolitische Instrumente vorführen?

---

19 Vgl. Erich Gutenberg, Grundlagen der Betriebswirtschaftslehre, Band 2, Der Ab-satz, Berlin-Göttingen-Heidelberg 1956, S. 89 ff.

1. K. Chr. Behrens, Absatzwerbung
2. G. Fischer, Betriebliche Marktwirtschaftslehre
3. F. Henzel, Beschaffung, Absatz, Marktbeobachtung
4. H. Jacob, Preispolitik
5. W. Koch, Grundlagen und Technik des Vertriebes
6. C. Ruberg, Verkaufsorganisation
7. E. Schäfer, Die Aufgabe der Absatzwirtschaft
8. C. Schiller, Absatzwirtschaft als produktive Aufgabe.
9. O. R. Schnutenhaus, Absatzpolitik und Unternehmensführung
10. R. Seyffert, Werbelehre
11. R. Seyffert, Wirtschaftslehre des Handels
12. E. Sundhoff, Absatzorganisation

686. Was versteht man (nach Vershofen) unter einer „totalen Konkurrenz"?
Jede Unternehmung, auch ein Monopolist, steht irgendwie in Konkurrenz. Jede Unternehmung muß sich also um Absatz bemühen und eine dem Bedarf Rechnung tragende Absatzleistung erstellen.

687. In welchen Arten von Konkurrenz kann eine Unternehmung stehen?
Preiskonkurrenz, Qualitätskonkurrenz, Sortimentskonkurrenz, Konditionenkurrenz, Servicekonkurrenz, Werbekonkurrenz.

688. Wieviele Absatzfaktoren bzw. Absatzinstrumente gibt es, wenn man von der Idee der totalen Konkurrenz bzw. von den Arten der Konkurrenzsituationen ausgeht?
Es gibt soviele Instrumente bzw. Faktoren des Absatzes wie es Konkurrenzsituationen bzw. Konkurrenztypen gibt.

689. Nennen Sie durch Vergleich der vorangegangenen Fragen und Antworten absatzpolitische Instrumente, die bei der Vierteilung von Gutenberg nicht zum Tragen kommen?
Antwort Seite 193

690. Was kann man unter kombinierter Absatzpolitik verstehen?
Absatzpolitik kann sich nicht einzelner Faktoren (z. B. der Werbung) allein oder führend zuwenden. Es gibt kaum Prioritäten. Absatzpolitik ist eine Kombination der Absatzfaktoren bzw. -instrumente.

691. Welche Schwierigkeiten treten bei einer Optimierungsvorstellung der kombinierten Absatzpolitik auf?

---

20 Auch der Verfasser hat einen Beitrag dazu geleistet. Vgl. A. Scheibler, Das System der Konsumtheorie und Verbraucherpolitik, Köln 1971

Es ist schwer, zwischen den Kosten der einzelnen Faktoren, ihrer Substituierbarkeit und ihrer quantitativen Ralation innerhalb der Kombination und deren Anteil am Absatzerfolg zu unterscheiden.

692. Was ist der Unterschied zwischen einer Preisdifferenzierung und einer Preisstaffelung?

Die Preisdifferenzierung ist von genereller Art. Dieselben Produkte werden an verschieden örtlichen Märkten oder bei verschiedenen Abnehmerkreise zu verschiedenen Preisen verkauft. Das setzt eine Monopolstellung voraus.

Die Preisstaffelung ist Rabattpolitik. Sie räumt für bestimmte Leistungen bestimmte Vergünstigungen ein. Der Käufer erwirbt sich das spezielle Anrecht auf einen solchen Rabatt.

693. Kennen Sie einige Rabattarten, die Gegenstand einer Rabattpolitik sein können?

Antwort Seite 194

694. Womit ist bei Erzeugerunternehmen die Qualitätspolitik identisch?

Mit der Produktgestaltung.

695. Was ist ein Sortiment?

Die Anzahl der Sorten im Absatzprogramm einer Unternehmung.

696. Bezieht sich die Sortimentspolitik nur auf die Entscheidung, wieviele Sortentypen in das Absatzsortiment aufgenommen werden?

Nein. Die Sortimentspolitik bezieht sich auch auf die Entscheidung der Sortimentsbreite und Sortimentstiefe.

In der Produktionslehre haben Sie erfahren, was unter Produktionsbreite und unter Produktionstiefe zu verstehen ist. Versuchen Sie nun eine entsprechende Erklärung über die Sortimentsbreite und die Sortimentstiefe!

Antwort Seite 194

697. Was sind Konditionen?

Lieferungs- und Zahlungsbedingungen.

698. Überlegen Sie, worauf sich im wesentlichen die Konditionenpolitik beziehen kann!

Antwort Seite 194

699. Ist Service in die Konditionen eingeschlossen?

Nein. Obendrein ist er auch in der Regel nicht an den Verkauf gekoppelt.

700. Servicepolitik ist eine selbständige Politik!
Nennen Sie Beispiele für eine mögliche Servicepolitik!
Antwort Seite 194

701. Was verstehen Sie unter einer Absatzselektion?
Der Kreis der (gedachten) Abnehmer wird festgelegt.

702. Nach welchen Kriterien kann eine Abnehmerauslese geschehen?
1. Nach Regionen (regionale Selektion).
2. Nach Kundenschichten (klientale Selektion).
3. Nach Händlertypen (vertikale Selektion).

703. Was drückt der Grad der Absatzintensität aus?
Es handelt sich um das Ausmaß der Anstrengungen für den Absatz.

704. Was versteht man unter high pressure sales promotion?
Es handelt sich hier um den höchsten Grad von Absatzintensität.
Sie äußert sich in einer langandauernden oder ständig wiederholten
und eindringlichen, auch vor Rücksichtslosigkeiten nicht immer
zurückschreckenden und den Kunden schließlich zermürbenden
Einwirkung.

7. Handelsformen und Handelseinrichtungen

705. Was ist ein Händler?
Der Händler ist ein Kaufmannstyp im Binnen- und Außenhandel.
Er bedient sich meist einer Handlung als Institution. Er ist selbständig und kauft und verkauft Waren im eigenen Namen und auf
eigene Rechnung und Gefahr.

706. Was ist der Unterschied zwischen Innenkaufmann und Binnenhandelskaufmann?

Der Innenkaufmann führt die Handelsgeschäfte von seinem Betrieb,
von seinem Schreibtisch aus. Er tritt nur indirekt über seine Ware
mit der Außenwelt in Berührung (Briefe, Werbung, Telefon). Der
Binnenhandelskaufmann ist der Kaufmann (gleichgültig, ob Innen-
oder Außenkaufmann), der sich nur auf das reine Inlandsgeschäft
spezialisiert.

707. Was ist der Unterschied zwischen Außenkaufmann und Außenhandelskaufmann?

Der Außenkaufmann ist Verhandlungstaktiker. Er steht durch laufende persönliche Verhandlung mit anderen Kaufleuten in Verbindung. Der Außenhandelskaufmann (Importeur oder Exporteur)

hat sich (gleichgültig, ob Innen- oder Außenkaufmann) auf die Geschäfte mit anderen Ländern spezialisiert.

708. Was ist der Unterschied zwischen Großhandels- und Einzelhandelskaufmann?

Der Großhandelskaufmann ist der Überlieferer des eigentlichen Handels (Fugger z. B.). Als Warenkaufmann ist er eng mit seiner Ware verbunden und das Kaufmännisch-Händlerische ist sein Charakteristikum. Der Einzelhandelskaufmann führt den Ein- und Verkauf meist selbst durch. Die Warenbindung ist nicht so streng. Ein- und Verkauf sind sehr oft nicht einheitlich ausgerichtet. Das Händlerische tritt in den Hintergrund.

709. Wodurch unterscheiden sich Reisende und Vertreter in der Regel?

Reisende sind meist Angestellte gem. § 55 HGB. Vertreter sind meist selbständige Kaufleute. Man unterscheidet Vermittlungs- und Abschlußvertreter.

710. Nennen Sie mir verschiedene Vertretertypen!

Fern- und Platzvertreter, Orts-, Bezirks- und Generalvertreter, Großhandels-, Einzelhandels- und Haushaltsvertreter, Waren- und Geschäftsvertreter.

711. Welche zwei großen Warengruppen kennen Sie?

Ideelle Waren (nämlich Rechte auf Sachgüter z. B. Erbbaurecht und wirtschaftliche Rechte z. B. Geld) und reale Waren (nämlich Waren der Einzelanfertigung und Markt- bzw. Kaufmannsware).

712. Welche Warenarten kennen Sie unter Beachtung des Reifegrades?

Roh- (Grund-), Hilfs- und Betriebsstoffe, Halb- und Fertigfabrikate, Natur-, Alt- und Abfallprodukte.

713. Welchen Unterschied sehen Sie zwischen Verzehr- und Nutzungsware?

Verzehrware ist Ware, die sich beim Gebrauch sofort verbraucht (Brot als Konsumgut, Kohle im Hochofen als Produktionsgut). Nutzungsware ist Ware, die sich beim Gebrauch nur allmählich verbraucht (z. B. Küchenherd als Konsumgut und Hochofen als Produktionsgut).

714. Wie teilt man die Arten des Handels ein, wenn man an den Grad der Selbständigkeit denkt?

In unselbständigen Handel (Produzenten- und Konsumentenhandel) und selbständigen Handel (Groß- und Einzelhandel).

715. Welche Formen des ambulanten Handels kennen Sie?
    Hausierhandel, Straßenhandel, Jahrmarkts- und Messehandel, Wochenmarkthandel, Neuheutenhandel.

716. Worin besteht der Unterschied zwischen Eigen-, Kommissions- und Agenturhandel?
    Der Eigenhandel findet im eigenen Namen und auf eigene Rechnung des handelnden Unternehmers statt. Beim Kommissionshandel wird durch den Kommissionär in eigenem Namen, aber für fremde Rechnung gehandelt. Beim Agenturhandel handelt der Vertreter im fremden Namen und für fremde Rechnung.

717. Was ist Spekulationshandel?
    Beim Spekulationshandel interessiert man sich nicht für die Ware, sondern handelt, um Preisdifferenzen auszunützen. Der Spekulationshandel steht im Gegensatz zum Effektivhandel.

718. Was versteht man unter Großhandel?
    Um das herauszustellen, muß man den Unterschied zwischen dem Handel als Funktion und als Institution sehen. Großhandel als Funktion heißt: Absatz der Produzenten an Händler, der Händler an Händler, der Händler an Produzenten, der Produzenten an Produzenten. Ausgeschlossen ist also lediglich der Absatz an Endverbraucher. Großhandel als Institution heißt, daß selbständige Händler an Händler oder Produzenten liefern.

719. Wodurch unterscheiden sich Spezialgroßhändler von Sortimentsgroßhändlern?
    Die Spezialgroßhändler sind auf eine ganz bestimmte Warengruppe oder Ware spezialisiert. Es gibt Spezialgroßhändler mit Grund- und Hilfsstoffen (z. B. Kohlengroßhändler), mit Halb- und Teilfabrikaten und mit produktiven oder konsumtiven Fertigfabrikaten. Sortimentsgroßhändler sind auf die Wünsche der Abnehmer eingestellt. Es gibt Händler mit Einzelhandelssortiment (z. B. Lebensmittelgroßhändler), mit gewerblichem Sortiment (z. B. Schneidereibedarfshändler), mit Großhaushaltungssortiment (z. B. Krankenhauslieferanten).

720. Was versteht man unter direktem und indirektem Export?
    Wenn die Erzeuger selbst exportieren, liegt direkter Export vor. Wenn sich Exporthändler zwischenschalten, liegt indirekter Export vor.

721. Wer ist Exportspezialist?

Ein Exportspezialist spezialisiert sich nach Fabrikaten (z. B. Automobile) und liefert grundsätzlich in alle Länder. Er steht im Gegensatz zum speziellen Exporteur, der sich nach Ländern spezialisiert und nach einem Land alle möglichen Erzeugnisse liefert.

722. Was versteht man unter Einzelhandel?

Funktionell ist Einzelhandel jeder Verkauf an den Endverbraucher. Institutionell versteht man darunter die selbständigen Händler, die an Endverbraucher liefern. In diesem Falle sprechen manche Theoretiker auch von Kleinhandel im Gegensatz zum Großhandel.

723. Welches ist die normale Betriebsform im Einzelhandel?

Das Fachgeschäft. Es ist im Rahmen einer Branche fachlich gehalten. Der Leiter ist fachlich geschult. Man unterscheidet zwischen Branchengeschäft (durch einen Rohstoff begrenzt, z. B. Textilien) und Spezialgeschäft (es ist auf einen bestimmten Kundenkreis oder eine Ware bezogen, z. B. Damenwäschegeschäft).

724. Kennen Sie Sonderformen im Einzelhandel?

Erweitert man den Warenkreis des Fachgeschäftes, so erhält man die Sonderformen des Waren- und Kaufhauses. Verengt man dagegen den Warenkreis, so spricht man von Werkshandel.

725. Welche Arten des Handels gibt es, wenn man ihn von der Funktionsseite aus betrachtet?

An die Produktion angeschlossenen Handel (Produzenten-, Handwerks- und Verlagshandel), selbständigen Handel (Zentralgroßhandel, Groß- und Einzelhandel), Konsumentenhandel und Genossenschaftshandel, der teils an den Handel, an die Produktion und teils an den Konsum angeschlossen ist.

726. Was versteht man unter einer Mustermesse?

Viele Produzenten kommen zu einem bestimmten Zeitpunkt an einem bestimmten Ort zusammen, um vor allem dem Handel technisch und modisch neue Güter zu zeigen. Der Sinn ist, zu Kaufabschlüssen auf Grund der ausgestellten Muster zu kommen.

727. Wodurch unterscheiden sich Ausstellungen und Musterläger?

Musterläger werden von den einzelnen Firmen in eigenen Räumen gehalten. Ausstellungen werden von vielen Firmen gemeinsam mit Musterstücken beliefert. Beide Institutionen haben den Zweck, dem Beschauer und Kunden Marktübersicht zu verschaffen.

728. Welche Arten von Versteigerungen kennen Sie?

Private und öffentliche Versteigerungen. Bei den öffentlichen Versteigerungen handelt es sich um Zwangsversteigerungen. Bei den Privatauktionen unterscheidet man Großhandelsauktionen (Händler als Käufer, Stapelcharakter der zu besichtigenden Ware) und Kleinhandelsauktionen, wo Kunstgegenstände und Antiquitäten versteigert werden (Konsumenten und Händler als Käufer, Einzelstücke).

729. Was ist eine Einschreibung?

Sie ist eine Abart der Auktion. Die Käufer tragen die gewünschte Menge mit der entsprechenden Preiswilligkeit in eine Liste ein. Dadurch werden Ringbildungen der Käufer verhindert. Im Gegensatz dazu steht die Ausschreibung, wo sich der Nachfrager (im Bauwesen z. B.) eine Marktübersicht über die Anbieterleistungen und Preise verschafft.

8. Handelsfunktionen und Handelsspannen

730. Welches ist die Grundfunktion des Handels?

Die Umsatzleistung, Der Handel sorgt dafür, daß die Waren überhaupt in den Verkehr gelangen und trägt somit vorwiegend zur Bedürfnisbefriedigung bzw. Bedarfsdeckung bei.

731. Nennen Sie die Überbrückungsfunktionen des Handels!

Es handelt sich um die Transportfunktionen (der Handel überbrückt die Entfernung zwischen dem Herstellerort und dem Verbraucherort), die Lagerungsfunktion (Überbrückung zwischen Produktions- und Konsumanfall, der Handel lagert, der Konsument kauft in kleinen Mengen), die Vordispositionsfunktion (der Handel nimmt durch risikoreiche Bestellung die Konsumentenwünsche vorweg, z. B. Weihnachtsgeschäft), die Preisausgleichsfunktion und die Kreditfunktion.

732. Welche Warenfunktion übt der Handel aus?

Er übt die Quantitätsfunktion aus (er hat Auswahl in genügenden haushaltsgerechten Mengen; Lagerhaltung ist größer als Umsatz), die Qualitätsfunktion (er verbessert die Qualität) und die Sortimentsfunktion (er hat eine Auswahlbreite und Auswahltiefe).

733. Was verstehen Sie unter den vom Handel ausgeübten Funktionen des Makleramtes?

Darunter versteht man die Funktion der Markterschließung (der Handel sucht und findet neue Märkte) und die Funktion der Interessenwahrung und Beratung (sowohl nach der Produktions- als nach der Konsumseite).

734. Was ist ein Handelsglied?
Unter Handelsgliedern versteht man die einzelnen Etappen eines Handelsweges.

735. Was ist eine Handelskette?
Das ist die Summe der betrachteten Handelsglieder eines Handelsweges. Man betrachtet in der Regel den einzelnen Handelsweg von einem Erzeuger bis zu einem Verwender unter Beachtung der zwischen ihnen stehenden Handelsbetriebe. Gibt es die letzten nicht, dann spricht man von Direktkette.

736. Aus welchen systematisch betrachteten Gliedern kann eine Handelskette bestehen?
Aus den Ausgangsgliedern (Urproduzent, Zwischenproduzent, Endproduzent, Produzent von Konsumresten und Nachverwerter), den Zwischengliedern (die einzelnen Händlertypen) und den Endgliedern (Urproduzent, Zwischenproduzent, Endproduzent, Konsument, Nachverwerter).

737. Welche sebständigen Händlertypen (Zwischenglieder) können in der Handelskette auftreten?
Auftreten können kollektierende Binnenhandelsglieder (der Detailkollekteur und der Grossokollekteur), tradierende Außenhandelsglieder (Exporteur, Transiteur und Importeur). Weiter können auftreten: distribuierende Binnenhandelsglieder, nämlich Zentralgroßhändler, Großhändler und Einzel- bzw. Kleinhändler.

738. Welche Arten von Handelsketten kennen Sie?
Planketten und empirische Ketten, überlängte und verkürzte Ketten, normale und typische Ketten, Direktketten und Handelsketten.

739. Was ist ein Handelskettenstern?
Man betrachtet e i n e n Erzeugerbetrieb, dessen Stoffzugang von anderen Erzeugern und dessen Güterabgang zu anderen Verwendern. Bei zeichnerischer Darstellung ergibt sich ein Stern.

740. Was ist eine Handelskettenfolge?
Man verfolgt einen oder mehrere Stoffe (ein- oder mehrstoffige Handelskettenfolge) über mehrere Erzeuger- und Verwenderstufen. Die Ausgangskette nennt man Grundkette, die folgenden Ketten Fortführungsketten 1. und höherer Ordnung und die vorher liegenden Ketten: Zuführungsketten 1. und höherer Ordnung.

741. Welche Arten von Handelsspannen kennen Sie?

Stückspannen, Warengruppenspannen, Betriebsspannen, Branchen-
spannen, Handelskettenspannen. Wie der Name schon sagt, beziehen sie sich auf kleinere oder größere Einheiten.

742. Erklären Sie den Sinn der Soll- und Istspanne!

Die Sollspanne ist die Spanne der Vorkalkulation. Sie wird auch
Planspanne genannt. Sie ermöglicht dem Betrieb. Preisangebote zu
machen. Die Istspanne ist die Spanne der Nachkalkulation. Sie
wird auch empirische Spanne genannt. Sie zeigt dem Betrieb die
wirklichen Kosten und den tatsächlich erzielten Gewinn.

743. Was sind Vertragsspannen?

Das sind Handelsspannen, die Händler gleicher Branchen untereinander vereinbaren (Händlerkartelle) oder vertraglich zwischen Produzenten und Händler festgelegt werden (Preisbindung der 2. Hand).
Sie stehen im Gegensatz zur freien Spanne, die jeder Händler nach
eigenem Ermessen festlegt.

744. Worin besteht der Unterschied zwischen absoluter und relativer Hand-
delsspanne?

Bei der absoluten Handelsspanne wird der Aufschlag in DM vorgenommen. Die relative Handelsspanne ist in Prozenten ausgedrückt.
Schlägt man die prozentuale Handelsspanne auf den Einstandspreis,
dann spricht man von Handels- oder Kalkulationsaufschlag. Bezieht
man die prozentuale Handelsspanne auf den Verkaufspreis, so
spricht man von Handelsabschlag, manchmal auch von Rabatt.

745. Welche Werte schließt die Handelsspanne ein?

Die allgemeinen Handlungskosten und den Gewinn.

746. Was ist eine Preisstaffel?

Darunter versteht man eine Anzahl von Preisen, die in einem ge-
staffelten Verhältnis zueinander stehen, und zwar bei gleichen oder
gleichartigen Waren mit Unterschieden in Qualität, Abnehmerkrei-
sen, Abnehmergebieten oder in zeitlicher Absatzhinsicht.

747a. Welche grundsätzlichen Staffelungsmöglichkeiten bei der Festlegung
der Handelsspanne gibt es?

Man kann die relative Spanne sinken, steigen und gleichbleiben
lassen mit dem Ziel steigender, gleichbleibender und sinkender
Betragsspanne (absolute Spannen).

747b. Welche Rolle spielen Wirtschaftsordnung und Marktform für die Festsetzung der Handelsspannen?

In einer Verwaltungswirtschaft werden durchweg die Handelsspannen vom Staat festgesetzt (Zwangsspannen). In einer Marktwirtschaft ist die Festsetzung den Marktparteien überlassen. Je monopolistischer ein Betrieb ist, um so eher kann er die Handelsspanne endgültig festsetzen, weil er Preisbeherrscher ist. Je atomistischer die Marktform, um so mehr muß der Betrieb den Preis des Marktes hinnehmen und damit auch Handelsspanne und Gewinn.

748. Kommentieren Sie die folgenden Zahlen als stückbezogene Handelsspanne!

a) Einkaufspreis   Verkaufspreis
   500,– DM   750,– DM

b) Einkaufspreis   Aufschlag
   500,– DM   250,– DM
   600,– DM   200,– DM
   700,– DM   140,– DM

C. Die Markt- und Preistheorie[21]

I. Der Markt

9. Markttypen und Marktvollkommenheit

749. Wie bildet sich ein Markt?
Durch das Zusammentreffen von Angebot und Nachfrage.

750. Sehen Sie einen inhaltlichen Unterschied zwischen einem *Wochen*markt auf dem Marktplatz einer bestimmten Stadt und dem deutschen *Getreide* markt? Versuchen Sie den Unterschied
a) hinsichtlich des Ortes,
b) hinsichtlich der Produkttypen
zu finden!
Antwort Seite 194

---

21 Die Markt- und Preistheorie der Betriebswirtschafts-Lehre weist grundsätzliche Gleichheiten mit der entsprechenden Theorie der Volkswirtschaftslehre auf. Vgl. E. Gutenberg, Band 2, Der Absatz zu den Grundlagen der Betriebswirtschaftslehre! Daher auch die gewisse Gleichheit hier mit den 1000 volkswirtschaftlichen Fragen und ihre Beantwortung im gleichen Verlag vom gleichen Verfasser.

751. Es gibt Märkte, an denen die Anbieter und Nachfrager einen unbeschränkten, also freien Zutritt haben. Schlagen Sie vor, wie man einen solchen Markt nennen könnte!
Antwort Seite 195

752. Die Nachfrager sollen Konsumenten sein. Ihr Marktzutritt ist unbeschränkt. Wie nennt man diesen Verfassungszustand?
Konsumfreiheit.

753. Wie heißt die Freiheit der Anbieter, den Markt an Zahl und Erzeugnissen unbeschränkt betreten zu können?
Gewerbefreiheit.

754. Nennen Sie einen Weg, wie man die Konsumfreiheit beschränken kann?
Antwort Seite 195

755. Kennen Sie Fälle der Angebotsbeschränkung?
a) Zulassung bzw. Konzessionierung der Zahl der Unternehmen oder Art ihrer Tätigkeit.
b) Kontingentierung (Zuteilung) von Kredit, Devisen, Rohstoffen oder Arbeitskräften.
c) Qualifikationsnachweis durch Prüfungen (z. B. Meisterprüfung, Arzt).

756. Schlagen Sie vor, wie man einen Markt nennen sollte, an dem Anbieter und/ oder Nachfrager beschränkten Zutritt haben?
Antwort Seite 195

757. An welchem Markt sind die vorhandenen Anbieter am mächtigsten und können deshalb die Preise — falls sie nicht vom Staat festgesetzt sind — weitgehend autonom bestimmen?
a) Offenes Angebot   — offene Nachfrage
b) geschlossenes Angebot   — offene Nachfrage
c) geschlossenes Angebot   — geschlossene Nachfrage
d) offenes Angebot   — geschlossene Nachfrage
Antwort Seite 195

758. Worin besteht die Vollkommenheit eines Marktes?
Darin, daß ideale Voraussetzungen gegeben sind, nämlich:
a) offenes Angebot und offene Nachfrage,
b) Marktübersicht der Marktteilnehmer über Art, Menge und Preise der angebotenen Güter,
c) Qualitätseinsicht in die angebotenen Güter,

d) maximales Gewinnstreben der Anbieter und optimales Nutzen-
streben der Nachfrager,

e) keinerlei (örtliche, sachliche, zeitliche, persönliche) Präferenzen
der Marktteilnehmer.

Das sind die Eigenschaften eines vollkommenen Marktes.

759. Wie heißt logischerweise ein Markt, an dem eine oder mehrere Voraussetzung des vollkommenen Marktes (vgl. 758) fehlen?
Antwort Seite 195

760. An welchem Markt geschieht die Preisbildung autonomer und damit
stärker zu Lasten der Konsumenten, am vollkommenen oder am unvollkommenen Markt?
Antwort Seite 195

761. Was besagt das von *Jevons* formulierte Gesetz der Unterschieds-
losigkeit?
Preise sind für gleiche Güter zu verschiedener Zeit, bei verschiedenen
Personen, an verschiedenen Orten gleich hoch, wenn es für die
Marktteilnehmer keine örtlichen, sachlichen, zeitlichen und per-
sönlichen Präferenzen gibt. Also: Ohne Unterschiede Gleichheit.

762. Hat die Erklärung über die Vollkommenheit des Marktes etwas mit der
Zahl der Anbieter oder Nachfrager zu tun? Überprüfen Sie vor ihrer
Antwort noch einmal die Fragen 758 bis 761. Dann antworten Sie
folgernd!
Anwort Seite 195

763. Worauf kann sich die Wettbewerbspolitik beziehen?
a) Auf die Öffnung der Märkte (Konsum- und Gewerbefreiheit).
b) Auf die Vervollkommnung der Märkte (Verschaffung von Marktübersicht und Qualitätseinsicht, Beseitigung von Präferenz-
stellungen).
c) Auf die Zahl der Anbieter (Beseitigung von Monopolen, Unter-
stützung von Neugründungen).
d) Auf das Verhalten der Anbieter (Monopolüberwachung, Kartell-
und Fusionskontrolle).

764. Was sind freie Preise?
   Preise, die nicht vom Staate verbindlich festgesetzt sind, gelten als freie Preise.

765. Was drückt eine Angebotskurve aus?
   Eine Angebotskurve drückt in jedem Punkte aus, wie groß die Angebotsmenge (M) bei einem bestimmten Preis (P) ist.

766. Interpretieren Sie
   a) den Gesamtverlauf der nachstehenden Kurve (A),
   b) die Punkte $P_1 - M_1$,
   c) die Punkte $P_2 - M_2$.

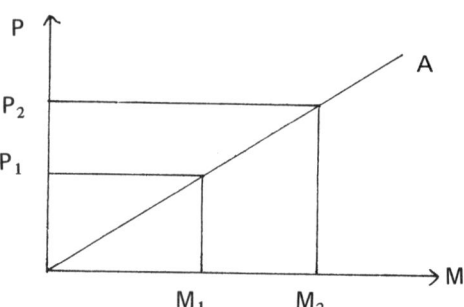

Antwort Seite 195

767. Die interpretierte Angebotskurve entspricht dem ökonomischen Normalverhalten (sog. normale Elastizität). Wie sieht eine Angebotskurve aus, wenn trotz steigender Preise das Angebot abnimmt (inverse Elastizität), wie z. B. in Inflationszeiten bzw. wenn trotz fallender Preise das Angebot zunimmt, wie z. B. das landwirtschaftliche Güterangebot? Nennen Sie die Kurve A_i!
   Antwort Seite 195

768. Interpretieren Sie die folgende Kurve und die angegebenen Punkte!

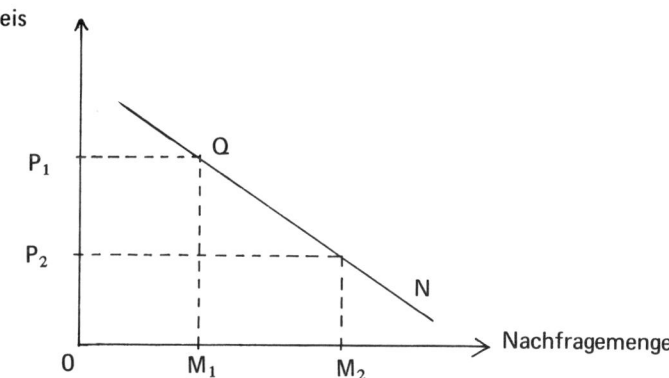

Antwort Seite 196

769. Wie heißt das Produkt Nachfragemenge mal Preis
   a) aus der Sicht der Nachfrager,
   b) aus der Sicht der Anbieter?
      a) Konsumausgabe,
      b) (Umsatz-) Erlös.

770. Erklären Sie unter Rücksichtnahme der Antwort zu 769. das Rechteck $O - M_1 - Q - P_1$ der Graphik unter 768!
   Antwort Seite 196

771.

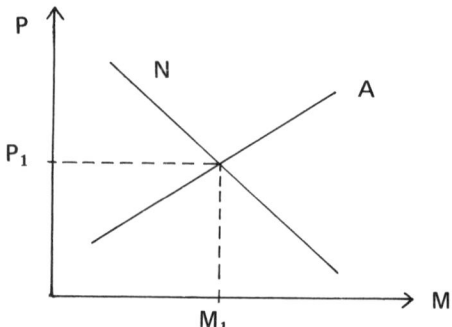

Beantworten Sie auf die vorstehende Graphik bezogen folgende Fragen:
a) Verlaufen die Angebots- und Nachfragekurve normal oder invers?
b) Wie groß ist beim Preis P_1 die Angebotsmenge?
c) Wie groß ist beim Preis P_1 die Nachfragemenge?
d) Wie nennt man einen Preis, bei dem sich Angebots- und Nachfragemenge decken?
Antwort Seite 196

772. Warum sind freie Preise letztlich auch Gleichgewichtspreise?
Bei sich frei bildenden Preisen reagieren Anbieter und Nachfrager so lange bis ihre Mengenvorstellungen übereinstimmen.

773. Erklären Sie die preisorientierte Nachfragefunktion!
Abstrahiert man von den Einflußgrößen Bedarf und Einkommen, so ist die Nachfrage nach Gütern eine Funktion der Preise. In dieser Nachfragefunktion wird geschildert, welchen Einfluß die Preise und ihre Veränderung auf die Nachfragemenge bzw. deren Veränderung haben.

774. Wie nennt man das Verhältnis der relativen Nachfragemengenänderung als Folge einer relativen Preishöhenveränderung?
Das Verhältnis nennt man Elastizität, den rechnerischen Quotienten der beiden Größen Elastizitätskoeffizient.

775. Unterscheiden Sie normale und inverse Nachfrageelastizität (die man besser Preiselastizität der Nachfrage nennen sollte)!

Wenn steigende Preise eine fallende Nachfrage bewirken bzw. fallende Preise eine steigende Nachfrage, so liegt normale Elastizität vor. Inverse Elastizität ist gegeben, wenn steigende Preise dennoch zur steigenden Nachfrage führen (Inflation, Spekulation); ebenso wenn fallende Preise eine fallende Nachfrage bewirken (Deflation, Snobeffekt u. a.).

776. Erklären Sie Mengen- und Preiselastizität auf die Nachfrage bezogen!
Während bei der Preiselastizität der Einfluß der Preisänderungen auf die Nachfragemenge betrachtet wird (Preis = Ursache, Nachfrage = Wirkung), interessiert bei der Mengenelastizität die umgekehrte Funktion. Welchen Einfluß übt eine Mengenänderung der Nachfrage (z. B. als Folge von Einkommens- oder Bedarfsänderungen) auf die Preishöhe aus (Nachfrage = Ursache, Preis = Wirkung).

777. Erklären Sie die direkte und indirekte Elastizität am Beispiel Butter und Margarine!
Sieht man die Beziehung zwischen dem Preis für Butter und der Nachfrage nach Butter, so spricht man von direkter Elastizität. Steigt der Preis für Butter und als Folge davon verändert sich die Nachfrage nach Margarine, so nennt man diese Betrachtung indirekte Elastizität (nach Triffin auch mit Kreuzpreiselastizität bezeichnet).

778. Vergleichen Sie unelastische mit (über-) elastischer Nachfrage!
Ändert sich der Preis um 10 % und die Nachfrage reagiert schwächer, beispielsweise nur um 8 %, so liegt unelastische Nachfrage vor, wie sie vorwiegend bei lebenswichtigen (inferioren) Gütern gegeben ist. Reagiert die Nachfrage stärker als die Preisveränderung, z. B. um 14 %, so bedeutet dies (über-)elastische Nachfrage. Sie ist in der Regel bei luxuriösen (superioren) Gütern gegeben.

779. Was untersucht die Einkommenselastizität?
Die Einkommenselastizität ist eine einkommensorientierte Nachfragefunktion und untersucht den Einfluß von Einkommensveränderungen auf die Nachfrage nach bestimmten Güterarten.

780. Welche Beziehung zwischen Einkommensänderung und der Nachfrage nach superioren und inferioren Gütern gibt es?
Bei steigendem Einkommen nimmt die Nachfrage nach inferioren Gütern ab und nach superioren Gütern zu.

781. Was verstehen Sie unter der Preiselastizität des Angebotes, kurz Angebotselastizität genannt?

Die Angebotselastizität drückt aus, wie stark die Veränderung der Angebotsmenge als Folge einer Preisveränderung ist. Drückt man die Veränderung in absoluten Zahlen aus, so spricht man von absoluter Elastizität. Bei der mit der Angebotselastizität in der Regel gemeinten relativen Elastizität wird die relative Angebotsmengenänderung mit der relativen Preisänderung verglichen.

782. Erläutern Sie den Elastizitätskoeffizienten!

Die Mengenänderung in % dividiert durch die Preisänderung in % ergibt den Elastizitätskoeffizienten.

783. Nehmen Sie an, der Preis steigt um 10 %. Die Angebotsmenge vermehrt sich um a) 10 %,
b) 12 %,
c) 8 %.

Errechnen Sie den Elastizitätskoeffizienten in Dezimalzahlen und bestimmen Sie zusätzlich, wann er 1, größer 1 und kleiner 1 ist.

Antwort Seite 196

784. Bezeichnen Sie die errechneten Koeffizienten unter 783. mit eigenschaftlichen Namen!

a) Elastisches Angebot,
b) überelastisches Angebot,
c) unelastisches Angebot.

785. Welche streng mathematische Möglichkeit gibt es, den Elastizitätskoeffizienten (E) ohne Prozentangaben als Relativausdruck zu bestimmen?

$$E = \frac{\dfrac{\triangle M}{M}}{\dfrac{\triangle P}{P}}$$

Dabei ist $\triangle M : M$ die relative Veränderung der Angebotsmenge und $\triangle P : P$ die relative Preisveränderung.

786. Angenommen: Der bisherige Preis ist 5,-- DM. Er steigt um 1,-- DM. Die bisherige Angebotsmenge ist 100 Stück. Sie steigt als Folge der

genannten Preiserhöhung um 30 Stück. Bestimmen Sie den Elastizitätskoeffizienten nach der Formel unter 785.

Antwort Seite 196

787. Man kann die Angebotselastizität auch graphisch darstellen. Tun Sie dies mit dem Preis von 5,-- DM, der Preissteigerung von 1,-- DM, der Angebotsmenge von 100 Stück und der Mengenvergrößerung von 20 Stück!

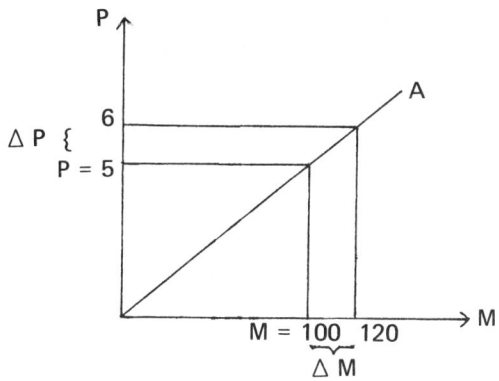

788. Wie hoch ist die Elastizität in der Graphik von 787?
Der Elastizitätskoeffizient ist eins, weil in Beachtung des Strahlensatzes $\triangle M : M = \triangle P : P$, d. h. 1 verhält sich zu 5 wie 20 zu 100.

789. Welchen Elastizitätsgrad hat jede Angebotsgerade, die durch den Koordinatenursprung geht?
Eins.

790. Erläutern Sie den Elastizitätsgrad der Kurve A_1 und A_2!

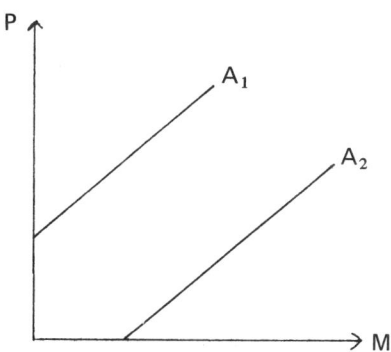

Da es sich um Geraden handelt, ist pro Kurve der Elastizitätsgrad gleich, vergleichsweise aber unterschiedlich. A_1 weist ein über-elastisches Angebot auf von > 1, weil die auf der P-Achse statt-findenden Veränderungen kleiner sind als die auf der M-Achse sich äußernden Reaktionen. Entsprechend umgekehrt gilt für A_2, daß es sich um ein unelastisches Angebot handelt mit dem Koeffizienten kleiner 1.

791. Erklären Sie den Unterschied zwischen Strecken- und Punktelastizität!
Die Streckenelastizität ermittelt man für eine graphisch sichtbare Strecke auf einer Kurve. Sinn hat dies nur für eine Gerade. So ge-sehen in 787. Die Punktelastizität bestimmt die Elastizität einer Kurve in einem einzelnen Punkte einer Kurve. Dies ist zweckmäßig bei gekrümmten Kurven.

792. Kann eine gekrümmte Angebotskurve in allen Punkten den gleichen Elastizitätsgrad (- koeffizienten) aufweisen?
Nein. Dies trifft nur für eine Gerade zu.

793. Sehen Sie sich die Fragen und Antworten 787 – 792 noch einmal an. Versuchen Sie anschließend ein Hilfsmittel zu finden, für den Punkt R auf der folgenden gekrümmten Angebotskurve grundsätzlich den Elastizität zu finden!

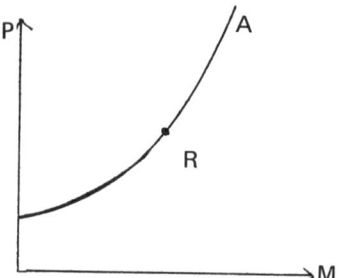

Antwort Seite 198

11. Preisabsatz- und Erlösfunktionen

794. Was ist eine Preis-Absatz-Funktion?
Die Beziehung zwischen Preis und Absatzmenge.

795. Was ist Gesamterlös?
Das Produkt aus Absatzmengen und Preis.

796. Was ist Grenzerlös?
     Der Saldo zwischen zwei Gesamterlösen als Folge der Absatzmengenveränderung um eine Mengeneinheit.

797. Ergänzen Sie aufgrund der Fragen und Antworten 794—796 folgende Tabelle:

Absatzmenge	Stückpreis	Gesamterlös (E)	Grenzerlös (E')
1	10	...	...
2	10	...	...
3	10	...	...
4	10	40	...
5	10	...	10

Antwort Seite 197

798. In welcher Beziehung stehen Grenzerlös und Gesamterlös?
     Der Gesamterlös ist addierter Grenzerlös.

799. Zeichnen Sie in einem Koordinatensystem mit den Zahlen von 797 den Grenz- und den Gesamterlös!
     Antwort Seite 197

800. Womit deckt sich sichtbar der Grenzerlös bei konstanten Stückpreisen?
     Antwort Seite 197

801. Wie nennt man die Preis-Absatz-Funktion bei konstanten Stückpreisen?
     Unendliche Preis-Absatz-Funktion.

802. Welchen Verlauf hat die Erlöskurve bei unendlicher Preis-Absatz-Funktion?
     Antwort Seite 197

803. Der Stückpreis kann auch mit steigender Absatzmenge fallen. Dann nennt man die entsprechende Beziehung eine endliche Preis-Absatz-Funktion. Ergänzen Sie nach demselben Begriffs- und Beziehungsschema die folgende Tabelle:

Absatzmenge	Stückpreis	Gesamterlös (E)	Grenzerlös (E')
1	10	...	10
2	8	...	...
3	8	...	...
4	4	16	...
5	2	...	6
6	0	...	...

Antwort Seite 197

804. Zeichnen Sie die endliche Preis-Absatz-Funktion (PAF), den Gesamt-
und den Grenzerlös mit den Zahlen aus 803 in ein Koordinatensystem!
Antwort Seite 198

805. Welcher Erlösverlauf gehört zur endlichen Preis-Absatz-Funktion?
Ein parabelförmiger Erlösverlauf.

806. Wer hat bewiesenermaßen erkannt, daß die Grenzerlöskurve bei
endlicher Preis-Absatz-Funktion doppelt so stark fällt wie die Preis-
Absatz-Funktion?
Der Italiener Amoroso und in verkürzter Form die Engländerin
Robinson.

807. Welche zwei Kostenverläufe (Kostenfunktionen) kennen Theorie und
Praxis (Wiederholungsfrage aus „Die Produktion")?
Die lineare ⟋ und die kubisch-parabolische ⟋ Kostenfunktion.

808. Welche zwei Erlösverläufe haben die soeben behandelten Fragen ange-
zeigt?
Die lineare ⟋ und die parabelförmige ⌒ Erlösfunktion.

809. Was ist Gewinn?
Der Saldo zwischen Erlös und Kosten.

810. Wieviele Modellfälle einer Erlös-Kostendarstellung (= Gewinnfunktion)
gibt es logischerweise, wenn es zwei verschiedene Kosten- und zwei verschiedene Erlösverläufe gibt?
Antwort Seite 198

811. Zeichnen Sie vier Modelle über Gewinnfunktionen
a) lineare Kostenfunktion (K) und lineare Erlösfunktion (E),
b) lineare Kostenfunktion und parabelförmige Erlösfunktion,
c) kubisch-parabolische Kostenfunktion und lineare Erlösfunktion,
d) kubisch-parabolische Kostenfunktion und parabelförmige Erlösfunktion.
Antwort Seite 198

812. Wo liegt in jedem Falle in den Modellen unter 811. das Gewinnmaximum?
Antwort Seite 199

12. Marktformen und Marktverhalten

813. Worüber gibt eine Marktform Auskunft?
a) Vor allem über die Zahl der Marktteilnehmer.
b) Über das Verhalten der Marktteilnehmer.

814. Wie nennt man viele, wenige und einen Marktteilnehmer, vor allem wenn man die Marktform von der Angebotsseite her betrachtet?
a) Viele Marktteilnehmer   = Polypol,
b) wenige Marktteilnehmer   = Oligopol,
c) ein Marktteilnehmer   = Monopol.

815. Ist die vollständige Konkurrenz eine Marktform?
Grundsätzlich nein, wenn man die Marktform als Bezeichnung der Marktteilnehmer ansieht. Die vollständige Konkurrenz ist eine Kombination aus der Vielzahl der Marktteilnehmer und dem Markttyp des vollkommenen Marktes.

816. Gibt es Vorschläge dafür, wie man die Kombination aus (vollkommenem oder unvollkommenem) Markttyp und Zahl der Marktteilnehmer (Marktform) nennen kann?
Leider werden vielfach auch die genannten Kombinationen als Marktform bezeichnet. Vorgeschlagen wurde der Name ,,Marktbild'' oder ,,Marktkonstellation''.

817. Wie nennt man die spezielle Kombination aus Vielzahligen Marktteilnehmern und unvollkommenem Markt (beachten Sie die Frage 815!)?
Antwort Seite 199

818. Nennen Sie Bezeichnungen für das Oligopol am vollkommenen Markt!
Vollkommenes Oligopol, homogenes Oligopol.

819. Wie wird in Erweiterung der Antwort zu 818 das Oligopol am unvollkommenen Markt bezeichnet?
Antwort Seite 199

820. Wie nennt man ein Monopol am unvollkommenen Markt?
Pures bzw. reines Monopol.

821. Überdenken Sie, ob es ein Monopol am vollkommenen Markt geben kann?
Antwort Seite 199

822. Was ist ein Dyopol?
Es gibt nur zwei Marktteilnehmer, z. B. nur zwei Anbieter oder nur zwei Nachfrager.

823. Was versteht man unter Teiloligopol?

Neben wenigen Oligopolisten als in etwa gleich starken Markt-teilnehmern gibt es noch mehrere kleinere Marktteilnehmer. Das Wort „Teil" ist also hier mit „Mitläufer" zu übersetzen.

824. Folgern Sie aus der Frage 569 was ein Teilmonopol ist!

Antwort Seite 199

825. Kann ein einzelner Anbieter den Marktpreis von sich aus beeinflussen, wenn er sich am vollkommenen Markt befindet?

Nein. Sein Marktanteil ist zu klein. Auch würde z. B. jeder Ver-such, den Preis zu erhöhen, die Übersicht habenden und rational handelnden Nachfrager zu anderen Anbietern abwandern lassen.

826. Wie nennt man einen Anbieter oder Nachfrager, der wegen der Vielzahl der Marktteilnehmer und/oder der Vollkommenheit des Marktes den Preis allein nicht verändern kann?

Mengenanpasser. Die Anbieter bieten bei gegebenem Preise die Menge an, die ihnen den höchsten Gewinn liefert. Die Nachfrager fragen bei gegebenem Preis die Menge nach, die ihnen den höchsten Nutzen stiftet.

827. Welche Preis-Absatz-Funktion liegt vor, wenn der Anbieter den Marktpreis hinnehmen muß und von sich aus nicht ändern kann?

Antwort Seite 199

828. Welcher Erlösverlauf gehört bei steigender Absatzmenge zur unend-lichen Preis-Absatz-Funktion?

Antwort Seite 199

829. Wann erreicht ein Anbieter in vollständiger Konkurrenz sein Gewinn-maximum?

Das Gewinnmaximum ist erreicht, wenn Grenzkosten und Grenz-erlös zusammenfallen.

830. Interpretieren Sie folgende Graphik!

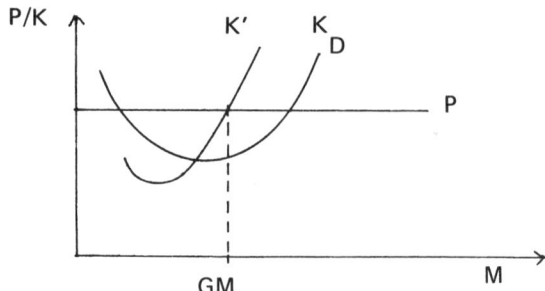

Antwort Seite 199

148

831. Erstellen Sie die dazugehörige Graphik über den Gesamterlös- und Gesamtkostenverlauf und bestimmen Sie daran, wo das Gewinnmaximum liegt!
Antwort Seite 199

832. Kann ein Polypolist am unvollkommenen Markt (= unvollständige Konkurrenz) den Marktpreis von sich aus bestimmen? Ist auch er ein Mengenanpasser?
Er ist kein Mengenanpasser. Er kann in begrenztem Rahmen den Preis autonom bestimmen, weil für ihn das Gesetz der Unterschiedslosigkeit nicht gilt.

833. Welche Fakten der unvollständigen Konkurrenz bzw. des unvollkommenen Marktes konstruieren die Möglichkeit der begrenzt autonomen Preisbildung bei polypolistischen Anbietern?
Fehlende Marktübersicht und fehlende Qualitätseinsicht der Nachfrager, irrationales Verhalten der Nachfrager, örtliche, zeitliche, sachliche und persönliche Präferenzen der Anbieter aus der Perspektive der Nachfrager.

834. Was verstehen Sie unter monopolistischer Konkurrenz (monopolistic competition)?
Den unter 832. und 833 geschilderten Fall. Am unvollkommenen Markt ist jeder Polypolist ein kleiner (beschränkter) Monopolist.

835. Was im Gegensatz zur monopolistischen Konkurrenz ist monopolistische Preisdifferenzierung?
Ein Monopolist kann am unvollkommenen Markt für gleiche Güter an verschiedenen Orten, bei verschiedenen Personen, zu verschiedenen Zeiten unterschiedliche Preise nehmen.

836. Interpretieren Sie die folgende Graphik eines monopolistischen Gewinnmaximums!

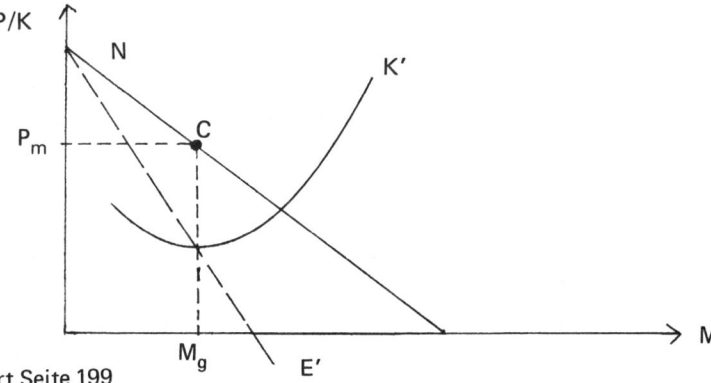

Antwort Seite 199

149

837. Wie nennt man die fallende Preiskurve ⟍ bei steigender Absatzmenge?
Endliche Preis-Absatz-Funktion.

838. Welcher Preis-Absatz-Funktion steht ein monopolistischer Anbieter gegenüber?
Antwort Seite 200

839. Welche Erlösfunktion gehört zur endlichen Preis-Absatz-Funktion?
Antwort Seite 200

840. Stellen Sie unter Rücksichtnahme auf die Antworten 837/839 und unter Beachtung der Graphik-Interpretation von 836 die Erlöskurve (E) des Monopolisten und die Gesamtkostenkurve (K_G) dar. Zeigen Sie, wo das Gewinnmaximum (G_M) liegt!
Antwort Seite 200

841. Erklären Sie eine örtliche Preisdifferenzierung eines Monopolisten!
Ein Monopolist nimmt an verschiedenen Orten für dort absetzbare Mengen für den gleichen Produkttyp verschieden hohe Preise. Dies setzt voraus, daß die Nachfrage- bzw. Preiswilligkeit an verschiedenen Orten verschieden hoch (Inland, Ausland z. B.) ist.

842. Versuchen Sie eine graphische Darstellung von drei örtlichen Preisunterschieden (PÖ)! Der niedrigste Preis soll der sein, den der Monopolist bei einheitlicher Preisbildung genommen hätte.
Antwort Seite 200

843. Was sagt Cournot über das Verhalten der Oligopolisten?
Das Oligopol entsteht aus dem Monopol. Der am Markte Anbietende reagiert durch Marktanpassung friedlich, indem er den Zutretenden so viel Marktanteil läßt, daß sie sich bei gleichgewichtigem Preise den Markt teilen.

844. Wie sieht der sog. Bowley-Fall aus?
Die Oligopolisten leisten sich Preiskämpfe bis zur ruinösen Konkurrenz. Nur der leistungs- und preisstärkste Anbieter bleibt am Markte. Die anderen scheiden aus.

845. Wie systematisiert Stackelberg die Verhaltensmöglichkeiten der Oligopolisten?
Ein Oligopolist kann aufgrund seines großen Marktanteils seine Unabhängigkeitsfunktion an den Markt bringen. Er setzt die Preise autonom fest. Dadurch entsteht ein asymmetrisches Oligopol, das zur ruinösen Konkurrenz, aber auch zu Preisabsprachen führen kann. Jeder Oligopolist aber kann auch seine Abhängigkeitsfunktion

an den Markt bringen. Die Oligopolisten nehmen die Preise des Marktes hin. Es besteht ein symmetrisches Oligopol.

846. Welche Stellung hat ein Oligopolist am vollkommenen und unvollkommenen Markt?

Am vollkommenen Markt wird er seine Abhängigkeitsfunktion an den Markt bringen müssen. Am unvollkommenen Markt kann er seine Unabhängigkeitsfunktion an den Markt bringen.

847. Gibt es Autoren, die die Marktmacht der Anbieter und damit die Marktform aus der Elastizität, vor allem der Nachfrageelastizität ableiten?

Ja. Vor allem Triffin.

848. Wie groß ist die Nachfrageelastizität (Preiselastizität der Nachfrage) wenn der Preis um 10 % steigt und die Nachfrage um 8 % zurückgeht?

Antwort Seite 201

849. Welchen Elastizitätsgrad der Nachfrage weist eine gleichseitige Hyperbel auf?

In allen Punkten den Elastizitätsgrad von 1.

850. Wie mißt man die Punktelastizität an einer geraden Nachfragekurve?

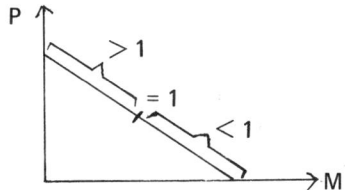

Ohne auf die mathematische Beweisführung näher einzugehen: Jede gerade Nachfragekurve zeigt im Halbierungspunkt die Elastizität von 1. Auf dem oberen Streckenabschnitt ist die Elastizität größer 1 (überelastisch). Je weiter von der Mitte, um so größer. Im unteren Streckenabschnitt ist die Elastizität kleiner 1 (unelastisch). Je weiter zur x-Achse, um so kleiner.

851.

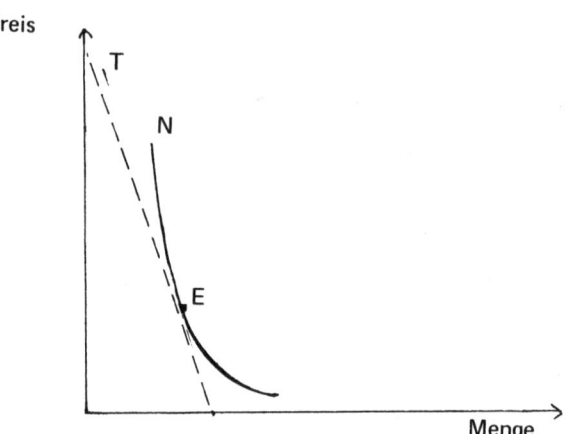

Interpretieren Sie den Elastizitätsgrad der vorstehenden Nachfragekurve im Punkte E. Beachten Sie dabei das unter 596 Erfahrene!
Antwort Seite 201

852. Blicken Sie zurück auf die Graphik 851 und bestimmen Sie, in welchem
Bereich der Nachfragekurve der Cournot'sche Punkt liegt?
Antwort Seite 201

853. Bei welchen Marktformen kommt die sog. Preisführerschaft vor?
a) Beim Teilmonopol. Der Monopolist führt durch Preisbestimmung.
Die Mitläufer haben in der Regel nur die Chance, den gleichen
Preis zu nehmen.
b) Beim Oligopol am unvollkommenen Markt. Ein Oligopolist ist
so stark, daß er die Preise bestimmt (dominierende Preisführerschaft), die anderen folgen. Oder ein Oligopolist hat die bessere
Fähigkeit der Markteinschätzung (barometrische Preisführerschaft). Die anderen Oligopolisten bleiben aus dieser Erkennt-
nis in dessen Preisnähe.

854. Erläutern Sie den Gewinn bei der Preisdifferenzierung in der nachstehenden Graphik!

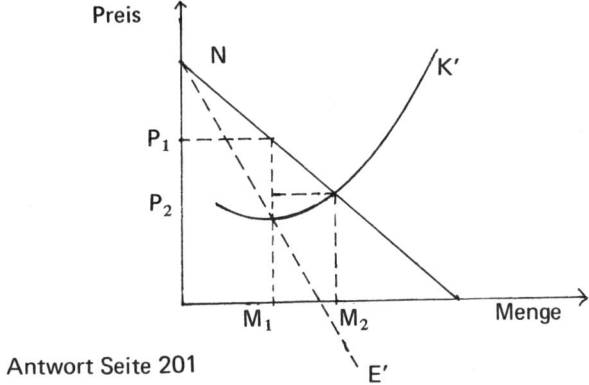

Antwort Seite 201

855. Interpretieren Sie die nachstehende doppelt geknickte Nachfragekurve!

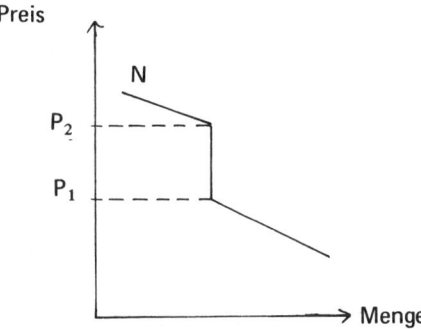

Es handelt sich um die Marktsituation eines Oligopolisten am unvollkommenen Markt. Seine Präferenzstellung ist so stark, daß er den Preis von P_1 auf P_2 erhöhen kann, ohne daß seine Nachfrager darauf reagieren. In diesem Bereiche (monopolistischer Spielraum, reaktionsfreier Bereich, Autonomiezone) ist die Nachfrageelastizität starr (Koeffizient = O). Bei einer Preiserhöhung über P_2 hinaus reagiert die Nachfrage durch Rückgang. Bei einer Preissenkung unter P_1, reagiert die Nachfrage durch Vermehrung, höchstwahrscheinlich reagiert auch die Konkurrenz durch Preissenkung.

IV. Die Finanzierung

A. Die Kapitalausstattung

1. Finanzierungsmethoden

856. Unterscheiden Sie Außen- und Innenfinanzierung!
   Bei der Außenfinanzierung fließen die Kapitalmittel von außerhalb der Unternehmung in die Unternehmung, wie Gesellschaftereinlagen und Kredite. Bei der Innenfinanzierung entstammen die Kapitalmittel aus dem Unternehmungsprozeß, wie bei zurückbehaltenen Gewinnen und der in den Erlösen hereingeholten Abschreibung.

857. Der Staat gibt offene (direkte) Subventionen bzw. Geldzuwendungen. Handelt es sich um eine Außen- oder Innenfinanzierung?
   Antwort Seite 201

858. Eine Anlage steht noch mit 16 000,— DM zu Buche. Sie wird für 20 000,— DM plus 11% Umsatzsteuer verkauft. Wie lautet die Buchung?
   Finanzkonto 22 200,— DM an Anlagekonto 16 000,—
   und an Umsatzsteuerverbindlichkeiten 2 200,—
   und an außerordentlichen Ertrag 4 000,—

859. Besteht eine Finanzierung als Kapitalausstattung nur aus Geldmitteln?
   Nein. Unter Finanzierung versteht man jede Kapitalausstattung. Eine Kapitalausstattung geschieht in Bar- und Sachform. Eingebrachte Maschinen durch die Gesellschafter einer Unternehmung sind genau so Kapitalausstattung wie Geldeinlagen. Vorhandene Maschinen sind Kapital.

860. In welchem Umfang handelt es sich bei der Frage 858. um Innen- oder Außenfinanzierung?
   Antwort Seite 201

861. Beurteilen Sie die Eigenfinanzierung!
   Es entstehen keine Zinsverpflichtungen, die erneuerungs- bzw. ersatzbedürftig sind. Deshalb ist die Unternehmung, vor allem in Krisenzeiten, konkurrenzfähiger als Unternehmungen mit Fremdkapitaleinsatz. Die kalkulatorischen Zinsen für das Eigenkapital kann man jedoch steuerlich nicht absetzen. Eigenkapital muß normalerweise nicht zurückgezahlt werden. Die Eigenkapitalgeber sind am Gewinn, an den stillen Reserven und am Firmenwert beteiligt.

862. Beurteilen Sie im Vergleich zur Antwort unter 861. die Fremdfinanzierung!
Antwort Seite 201

863. Was versteht man in der Regel unter Selbstfinanzierung?
Die Finanzierung aus Gewinn.

864. Ist Rücklagenbildung und Selbstfinanzierung dasselbe?
Nicht ganz. Die Rücklagenbildung ist ein buchhalterischer Beweis für *den* Teil des Gewinnes, der nicht ausgeschüttet worden ist. Die Selbstfinanzierung findet täglich statt, indem der hereinkommende Erlös einschl. seines Gewinnteils laufend wieder verwendet wird.

865. Was spricht für eine Selbstfinanzierung?
Antwort Seite 201

866. Versuchen Sie aus der selbstgefundenen Antwort 865. abzuleiten, welche Gefahren mit der Selbstfinanzierung verbunden sind!
Antwort Seite 201

867. Was sind indirekte Subventionen?
Das sind wirtschaftliche Vorteile, wie Steuerbefreiungen, Absatz- und Preisgarantien durch den Staat, Einfuhrzölle auf Güter, die auch im Inland produziert werden.

868. Erklären Sie, warum Einfuhrzölle als indirekte Subvention eine Form der Finanzierung sind.
Durch den Zoll auf Einfuhrgütern, die auch von einem bestimmten Betrieb im Inland erzeugt werden, hat das betreffende Unternehmen größere Erlöse und höhere Gewinne als ohne den Zollschutz. Das Ergebnis ist, daß die dazu gekommenen Geldmittel für weitere Investitionszwecke verwendet werden können.

869. Warum sind ersparte Steuern durch spezifische Steuerbefreiung als Finanzierungsform (-methode) anzusehen?
Antwort Seite 202

870. Welchen finanzmethodischen Sinn hat normalerweise die kalkulatorische Abschreibung?
Wie alle Kosten soll auch die kalkulatorische Abschreibung im Erlös der Produkte wieder hereingeholt werden. Speziell die erlösten Abschreibungsbeträge sind zur späteren Finanzierung der notwendigen Ersatzinvestitionen gedacht.

871. Kann die im Erlös bekommene kalkulatorische Abschreibung auch für Erweiterungsfinanzierungen genutzt werden?
Ja. Dies ist beweislich nach Lohmann und Ruchti sogar möglich, ohne die Finanzierung der Ersatzinvestitionen zu gefährden.

872. Nehmen Sie folgendes an! Eine Unternehmung kauft 5 Jahre hintereinander je eine Anlage für 10 000,— DM mit linearer Abschreibung (auch kalkulatorisch) von 20%. Die Finanzierung geschieht jedesmal durch Außenfinanzierung. Die im Erlös erwirtschaftete Abschreibung wird 5 Jahre lang beiseite gelegt. Wie hoch ist der sog. Freisetzungsbetrag, den man trotz der fälligen Ersatzinvestitionen nach 5 Jahren für Erweiterungsinvestitionen nutzen kann?
Antwort Seite 202

2. Finanzierungsgrundsätze

873. Was verstehen Sie unter optimaler Kapitalausstattung?
Die Quantität des eingesetzten Kapitals muß dem Kapitalbedarf entsprechen. Eine Unter- und Überfinanzierung müssen vermieden werden.

874. Wann liegt eine Unterfinanzierung vor?
Wenn nicht genügend langfristige Mittel vorhanden sind, um die Anlagen zu finanzieren und nicht genügend kurzfristige Mittel greifbar sind, um die Leistungs- (Produktions-) durchführung zu finanzieren.

875. Wann liegt unter Beachtung der Erkenntnisse der vorangegangenen Frage eine Überfinanzierung vor?
Antwort Seite 202

876. Wie kann eine Überfinanzierung (Überkapitalisierung) entstehen?
Schon bei der Gründung kann zu großer Kapitalvorrat vorhanden sein. Ferner ist es möglich, daß zu wenig Gewinne ausgeschüttet werden, die in der Unternehmung nicht produktiv benötigt werden. Es ist aber auch denkbar, daß der Betrieb sich als Leistungsgebilde verkleinert hat, ohne daß entsprechend Kapital ausgeschüttet bzw. zurückgezahlt wurde.

877; Wie kann unter Rücksicht auf die vorangegangene Frage eine Unterfinanzierung entstehen?
Antwort Seite 202

878. Was verlangt die sog. Kapitalbindungsregel?
Die Kapitalbindungsfrist soll gleich sein der Kapitalentleihungs-

frist, d. h. Kapital soll nicht für eine längere Zeit gebunden werden als es zur Verfügung steht

879. Ist Kapitalstruktur und Finanzstruktur das gleiche?

Nein. Unter Kapitalstruktur versteht man das Verhältnis von Eigen- und Fremdkapital, wie es sich sichtbar auf der Passivseite der Bilanz einer Unternehmung niederschlägt. Die Finanzstruktur gibt Auskunft über das Verhältnis des Kapitals zur Art des Vermögens, also über die Beziehung zwischen Herkunft (Eigen-, Fremdkapital) und Verwendung (Anlage-, Umlaufvermögen).

880. Kennen Sie eine Regel bzw. einen Finanzierungsgrundsatz über die Kapitalstruktur?

Ja, die deutsche Auslegung der sog. „eins − zu − eins − Regel". Danach soll mindestens die Hälfte des Gesamtkapitals Eigenkapital sein. Sicherheit des Fremdkapitals ist der entscheidende Grund.

881. Ist die „1 : 1-Regel" erfüllt, wenn die Passivseite einer Bilanz folgende Werte aufweist:

Grundkapital	8
gesetzliche Rücklagen	1
Verbindlichkeiten	3
freie Rücklagen	2
Rückstellungen	2
passive Rechnungsabgrenzung	3

Antwort Seite 202

882. Welche berühmte Regel über die Finanzstruktur kennen Sie?

Die goldene Bilanzregel. Danach *soll* das Anlagevermögen (AV) mit Eigenkapital (EK) und *kann* das Umlaufvermögen (UV) mit Fremdkapital (FK) finanziert werden.

883. Schauen Sie sich die nachstehende Bilanz an und überprüfen Sie, ob in der betreffenden Unternehmung die goldene Bilanzregel erfüllt ist!

Bilanz

AV	20	EK	16
UV	10	FK	12
		Gewinn	2
	30		30

Antwort Seite 202

884. Nach der amerikanischen Auslegung der „1 : 1-Regel" soll das Anlagevermögen mit Eigenkapital und das Umlaufvermögen je zur Hälfte mit Eigen- und Fremdkapital finanziert sein. Überprüfen Sie die Bilanz der Frage 883, ob diese Regel erfüllt ist!
Antwort Seite 202

885. Halten Sie eine Finanzierung des Anlagevermögens mit Fremdkapital in jedem Falle für falsch bzw. unökonomisch?
Antwort Seite 202

886. Von welchen Kriterien hängt es ab, ob eine Unternehmung viel oder wenig Kapital, Eigen- oder Fremdkapital aufnimmt und einsetzt?

Vom Investitionsumfang, von der Konjunkturlage, von der Rentabilitätserwartung, vom Zinsfuß, vom Betriebstyp, von der Branche.

B. Der Finanzierungsprozeß

3. Systemfragen

887. Kommentieren Sie folgende Prozeßdarstellung der Finanzierung!

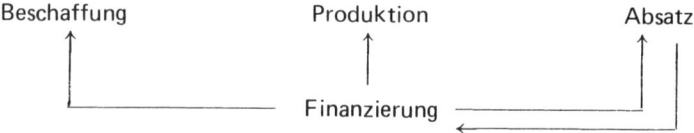

Antwort Seite 202

888. Nennen Sie konkrete Aufgaben des Beschaffungsbereiches, für welche Finanzmittel notwendig sind!
Gehälter der Einkäufer, Anschaffungspreise der Waren bzw. Rohstoffe, Raumkosten (Miete, Heizung, Strom) für das Lager und die Lagerung.

889. Finden Sie Einzelaufgaben des Absatzes, für welche Finanzmittel notwendig sind!
Antwort Seite 202

890. Was versteht die Betriebswirtschaftslehre unter Kapital?
a) Geld zu Investitionszwecken.
b) Finanzierungsquellen, wie sie als Eigen- und Fremdkapital auf der Passivseite einer Bilanz zu finden sind.

c) Vermögen im Sinne von Realkapital, wie es auf der Aktivseite einer Bilanz zu finden ist.

d) Eigentum.

891. Versteht man unter Finanzierung ausschließlich die Neuausstattung einer Unternehmung mit Kapital?

Nein. Man kann darüber hinaus auch jede Kapitaltransaktion als Finanzierung bezeichnen, wie sie durch Umgründung, Fusion, Rücklagenüberführung ins Grundkapital notwendig ist.

892. Welcher Leistungsbereich verlangt bei Industriebetrieben den relativ größten Kapitaleinsatz?

Die Produktion.

893. Nennen Sie produktionswirtschaftliche Aufgaben und Funktionen, die besonders umfangreichen Kapitalbedarf haben!

Antwort Seite 203

894. Was verstand Schmalenbach unter Transformation?

Kurzfristig aufgenommenen Kredit, in bestimmter, aber nicht sofort zurückzahlbarer Höhe langfristig zu verwenden, wie z. B. einen bestimmten Bodensatz von Kontokorrentkrediten.

895. Wenn man heute unter Transformation jedwede Veränderung der Passivwerte einer Bilanz versteht, bei welcher eine Verlängerung der Kapitalnutzungszeit zustande kommt, welche Wege der Transformation bieten sich dann an?

Antwort Seite 203

896. Was verstand Schmalenbach unter Mobilisation?

Bei der Emission von Wertpapieren soll man auf eine genügend große Teilung (Stückelung) achten, damit die Wertpapiere am Markte zwecks eigener Finanzierung leicht untergebracht werden können.

897. Was verstehen wir heute unter Mobilisation?

Die Veräußerung von nicht benötigten Vermögensteilen. Eine solche Teilliquidation schafft Finanzierungsmittel.

898. Nennen Sie mögliche Vermögensteile, die eine Unternehmung mobilisieren kann!

Antwort Seite 203

899. Was ist eine Kapitalausstattung (Finanzierung) ohne Aufnahme neuen Kapitals? Bei der Beantwortung denken Sie auch an die vorherige Frage!

Antwort Seite 203

900. Was versteht man unter Umschlagshäufigkeit des Kapitals?

Die Umschlagshäufigkeit des Kapitals gibt an, wie oft das eingesetzte Kapital durch den Umsatz zurück in die Unternehmung
kommt.

901. Woran mißt man die Umschlagshäufigkeit des Kapitals?

Am durchschnittlichen Einsatz des Eigenkapitals verglichen mit
dem Umsatz, d. h. Umsatz einer Periode dividiert durch den durchschnittlichen Kapitalbestand.

902. Nehmen Sie an, in der Gewinn- und Verlustrechnung finden Sie einen
Umsatz (Verkaufserlös) von 80 Mill. DM. In der vorjährigen Bilanz
finden Sie einen Eigenkapitalposten von 18 Mill. DM und in der dies-
jährigen Bilanz von 22 Mill. DM. Wie hoch ist die Umschlagshäufigkeit des Kapitals?

Antwort Seite 203

903. Ist Umschlagshäufigkeit und Umschlagsgeschwindigkeit des Kapitals
daselbe?

Nein. Die Umschlaggeschwindigkeit ist der reziproke (umgekehrte)
Wert der Umschlagshäufigkeit.

904. Was besagt die Umschlagsgeschwindigkeit des Kapitals?

Wie lange es dauert, bis sich das Kapital einmal umschlägt, d. h.
durch den Umsatz erneuert.

905. Wie groß ist die Umschlagsgeschwindigkeit des Kapitals, wenn auf ein
Jahr bezogen die Umschlagshäufigkeit 4 beträgt?

Antwort Seite 203

906. Welche Finanzbeträge kommen normalerweise im Erlöspreis herein?

a) Die pagatorischen Kosten (z. B. gezahlte Löhne).
b) Die kalkulatorischen Kosten (z. B. kalkulatorischer Unterneh-
merlohn, den sich die Mitunternehmer einer oHG durch den
Marktpreis bezahlen lassen).
c) Der Gewinn, soweit dieser effektiv erzielt wird.

907. Welche Aussage macht eine Bewegungsbilanz?

Sie gibt Auskunft über die Veränderungen (Bewegungen) des Vermögens (der Vermögensarten) und des Kapitals (der Kapitalarten)
in einer Unternehmung während eines Zeitraumes.

908.

Bilanz 31. 12. 1972		Bilanz 31. 12. 1973	
AV 20	EK 30	AV 24	EK 32
UV 30	FK 20	UV 29	FK 21
50	50	53	53

Erstellen Sie unter Angaben der Vorzeichen eine Bewegungsbilanz, aus der die Vermögens- und Kapitalbewegungen (-veränderungen) hervorgehen!

Antwort vgl. Seite 203

909. Kommentieren Sie die Bewegungen in der von Ihnen erstellten Bewegungsbilanz!

Antwort Seite 203

4. Rechtsfragen

910. Was versteht man unter Kapitalheraufsetzung?

a) Wirtschaftlich versteht man darunter jede Vermehrung des Bilanzkapitals.

b) Juristisch versteht man darunter lediglich die Vermehrung des nominellen Eigenkapitals, also des Grund- oder Stammkapitals.

911. Welche juristischen Formen der Kapitalerhöhung kennen Sie?

Die gewöhnliche, die bedingte und die genehmigte Kapitalerhöhung.

912. Kann die Kapitalerhöhung durch Vorstand oder Aufsichtsrat vorgenommen werden?

Nein. In allen Fällen bedarf die Kapitalheraufsetzung der 3/4 Stimmenmehrheit des bei der Beschlußfassung anwesenden Kapitals.

913. Erklären Sie die gewöhnliche Kapitalheraufsetzung!

Es werden neue Aktien ausgegeben. Ist der Ausgabekurs über 100 (unter 100 darf er nicht sein), dann entsteht ein Agio (Ausgabegewinn), der in die gesetzliche Rücklage geführt werden muß.

914. Was versteht man unter genehmigter Kapitalerhöhung?

Der technische Vorgang ist der gleiche wie bei der gewöhnlichen Kapitalheraufsetzung. Der Unterschied besteht darin, daß die Hauptversammlung dem Vorstand für fünf Jahre im voraus die Erlaubnis geben kann, eine Kapitalerhöhung durch Ausgabe neuer Aktien durchzuführen. Im entscheidenden, wirtschaftlich günstigen Augenblick braucht der Vorstand also nicht die Hauptversammlung einzuberufen.

915. Was geschieht bei der bedingten Kapitalheraufsetzung?
Die Aktiengesellschaft gibt Wandelobligationen. Das sind Obligationen, die mit dem Recht versehen sind, nach einer festgelegten Zeit in Aktien verwandelt zu werden. Aus Fremdkapital wird dann Eigenkapital.

916. Welche wirtschaftliche Einteilungsmöglichkeit der Formen der Kapitalheraufsetzung gibt es?
Man teilt ein in Kapitalheraufsetzung mit Aufnahme neuer Mittel (Bilanzverlängerung, gewöhnliche und genehmigte Kapitalerhöhung) und Kapitalheraufsetzung ohne Aufnahme neuer Mittel (Passivtausch, bedingte Kapitalerhöhung). Zur letzten Form gehört auch die Ausgabe von Gratisaktien, nachdem Rücklagen aufgelöst und ins Grundkapital überführt worden sind.

917. Welche Formen der Kapitalherabsetzung kennen Sie?
Die ordentliche, die vereinfachte Kapitalherabsetzung und die Kapitalherabsetzung durch Ankauf eigener Aktien.

918. Was versteht man unter ordentlicher Kapitalherabsetzung?
Darunter versteht man eine buchungsmäßige Erniedrigung des Grundkapitals. (Buchung: Grundkapital an GuV-Konto.) Dadurch entsteht ein Buch- bzw. Sanierungsgewinn. Da durch die Grundkapitalminderung zu viel Aktien umlaufen, werden diese im Maße der Herabsetzung zusammengelegt oder herabgestempelt. Der entstandene Buchgewinn darf nur ausgeschüttet werden, wenn die Gläubiger benachrichtigt wurden und ein halbes Sperrjahr überschritten ist.

919. Erklären Sie die vereinfachte Kapitalherabsetzung!
Der technische Vorgang ist der gleiche wie bei der ordentlichen Kapitalherabsetzung. In beiden Fällen handelt es sich um eine Kapitalherabsetzung ohne Ausschüttung von Mitteln. Der Unterschied ist lediglich der, daß die Gläubigerbenachrichtigung und damit das halbe Sperrjahr wegfallen, weil die Unternehmung sich verpflichtet, den entstandenen Buchgewinn nicht auszuschütten.

920. Was geschieht bei der Kapitalherabsetzung durch Ankauf eigener Aktien?

Die AG tritt am Markte (Börse) als Käufer ihrer eigenen Aktien auf. Wenn sie diese nicht vernichtet, liegt ein Aktivtausch und keine Kapitalherabsetzung vor. Dann dürfen aber nur 10 % des Grundkapitals angekauft werden. Werden die Aktien vernichtet, folgt dem Aktivtausch eine Bilanzverkürzung (Grundkapital an eigene Aktien). Nur dann liegt Kapitalherabsetzung vor. In diesem Falle gibt es keine Begrenzung der Ankaufssumme.

921. Wie lautet die Buchung bei bedingter Kapitalerhöhung in folgendem Falle:

4 Mill. DM Grundkapital.

8 Mill. DM Obligationenschulden mit dem Charakter von Wandelobligationen.

Die Inhaber von 6 Mill. DM Obligationen entscheiden sich bei einem Bezugsrecht (Umtauschwert) von

2 000,— DM Obligationen zu 1 000,— DM Aktien zur Umwandlung.

Antwort Seite 203

922. Was entsteht erfolgsrechnerisch, wenn eine ordentliche (normale) Grundkapitalerhöhung von 2 Mill. DM zu einem Ausgabekurs von 300 % (= 3 mal der Nennwert) erfolgt?

Antwort Seite 203

923. Wissen Sie, was buchhalterisch bzw. rechtlich mit einem Agio geschehen muß, daß bei einer Gründungsemission oder Grundkapitalerhöhung entsteht, wenn über pari emittiert wird?

Es wird zwar bei dem Ausgabevorgang als außerordentlicher Ertrag verbucht, muß aber am Jahresende in die gesetzliche Rücklage überführt werden.

924. Wenn der bisherige Börsenkurs 400 % betrug (400,— DM für 100,— DM bei Stücknotierung) und der Ausgabekurs des erhöhten Grundkapitals beträgt 300 %, was geschieht dann mit dem Börsenkurs?

Er fällt.

925. Berechnen Sie mit dem Wissen, daß der neue rechnerische Kurs (der nicht unbedingt auch der neue Börsenkurs sein muß) das gewogene arithmetische Mittel aus altem Kurs und Ausgabekurs unter Berücksichtigung des dahinter stehenden Grundkapitals als Gewicht ist, den rechnerischen Kurs in folgendem Falle: Bisheriges Grundkapital 9 Mill. DM. Grundkapitalerhöhung 2 Mill. DM. Bisheriger Börsenkurs 400 %. Ausgabekurs 300 %!

Antwort Seite 203

926. Was ist eine vereinfachte Grundkapitalherabsetzung und welche Wirkungen sind mit ihr verbunden?

a) Eine vereinfachte Grundkapitalherabsetzung liegt vor, wenn durch eine Buchung das Grundkapital vermindert wird und der dadurch entstehende Buchgewinn nicht zur Ausschüttung gelangt.

b) Es entsteht ein Buchgewinn durch außerordentlichen Ertrag in Höhe der Herabsetzung. Die umlaufenden Aktien müssen durch Herabstempelung auf die Höhe des herabgesetzten Grundkapitals eingestellt werden. Der Börsenkurs steigt, weil jetzt weniger Nennwert dem gleichen Vermögenswert der Unternehmung gegenübersteht.

927. Wie lautet die Rechnung und Buchung bei vereinfachter Kapitalherabsetzung? Grundkapital 6 Mill. DM. Grundkapitalherabsetzung 2 Mill. DM.

Antwort Seite 204

928. Was heißt Sanierung?

In der betriebswirtschaftlichen Sprache heißt Sanierung Gesundmachen von Betrieben und Wertpapieren.

929. Welche Gründe für eine Sanierung kann es geben?

Es sind in jedem Falle Krankheitserscheinungen. Diese können sein, eine einmalige oder dauernde Unterbilanz, Fehlorganisation beim Einkauf, bei Produktion, in Verwaltung und beim Verkauf. Aber auch Überkapitalisierung und Unterkapitalisierung können Krankheiten sein, die eine Unternehmung sanierungsbedürftig machen. Das gleiche gilt für zu hohe oder zu niedrige Kurse.

930. Wie kann man zu hohe und zu niedrige Kurse verändern?

Zu hohe Kurse sind eine Krankheit, die eine zu niedrige Effektivverzinsung bringen. Man kann sie beseitigen, indem man Rücklagen auflöst, sie ins Grundkapital überführt und dafür Gratisaktien ausgibt. Mehr Aktien ohne Zuführung neuer finanzieller Mittel bedeutet Kurssenkung.

Ein zu niedriger Kurs kann das Ansehen einer Firma schädigen. Man erhöht den Kurs durch Herabsetzung des Grundkapitals. Verminderter oder herabgestempelter Umlauf der Aktien bei gleichgebliebenem Vermögen erhöht den Kurs.

931. Kann man einer betrieblichen Fehlorganisation auch mit Finanzierungsmaßnahmen begegnen?

Nein. Die erkannten Fehldispositionen bei Einkauf, Verwaltung, Absatz und Produktion können nur durch adäquate Maßnahmen beseitigt werden. Bei Absatzschwierigkeiten z. B. muß durch bessere Werbung, Markterkundung und Absatzplanung geholfen werden. Bei Produktionsnachteilen muß ein günstigeres, d. h. kostenniedrigeres oder ertragerhöhendes Verfahren entwickelt und der Fehldisposition durch Arbeitsvorbereitung, Herstellungs- und Arbeitsplanung begegnet werden.

932. Wie beseitigt man Über- und Unterkapitalisierungen?

Eine Unterkapitalisierung beseitigt man durch Aufnahme von Kredit, durch gewöhnliche oder genehmigte Grundkapitalerhöhung oder durch Zuzahlung. Im letzten Falle könnte man sogar, weil ein Gewinn entsteht (Zuzahlungssanierung), eine bestehende Unterbilanz beseitigen.

Eine Überkapitalisierung beseitigt man durch Zurückhaltung von Krediten, Rücklagenauflösungen, Gewinnausschüttungen und Grundkapitalherabsetzung mittels Ankauf eigener Aktien. Im Falle der Rücklagenauflösungen und der Grundkapitalherabsetzung mit Ankauf eigener Aktien unter Pari entsteht ein Buchgewinn, der zugleich dazu dienen könnte, eine bestehende Unterbilanz zu beseitigen.

933. Berechnen Sie unter Rücksicht auf das unter 925. gesammelte Wissen den rechnerischen Kurs einer Grundkapitalherabsetzung! Bisheriges Grundkapital 6 Mill. DM. Grundkapitalherabsetzung 2 Mill. DM. Bisheriger Börsenkurs 300 % (300,— DM für 100,— DM bei Stücknotierung).

Antwort Seite 204

5. Bewertungsfragen

934. Für welche Betriebs- bzw. Finanzierungsanlässe kommt eine Bewertung von Betrieben und zusammengehörenden Betriebsteilen in Frage?

Für Gründung, Umgründung, Fusion, Aufnahme und Ausscheiden von Gesellschaftern, Kreditbereitstellung, Betriebsvergrößerungen und -verkleinerungen, Liquidation und Konkurs.

935. Welche grundsätzlichen Möglichkeiten (Methoden), Betriebe zu bewerten, gibt es?

Man kann von den Werten der Einzelteile des Betriebsvermögens ausgehen und diese summieren. Das ist die Methode der Summierung von Einzelwerten. Man kann aber auch den Betrieb als eine wirtschaftliche Einheit, als ein organisches Ganzes ansehen und ihn komplex bewerten. Das ist die Methode der Bewertung einer Wirtschaftseinheit.

936. Sprechen Sie über die Summierung von Einzelwerten!

Das Problem dieser Methode liegt in der Bewertung der einzelnen Vermögensteile. Geht man vom zufälligen Bilanzwert aus, dann stecken noch stille Reserven in den Teilen und damit in der ganzen Summe. Ein Betrieb ist aber mehr wert. Nimmt man die Tageswerte der Vermögensgegenstände, dann löst man dadurch zwar die stillen Reserven aus, berücksichtigt aber nicht, daß ein Ganzes mehr wert sein kann als die Summe seiner Einzelteile.

937. Wie nennt man die Summe der mit Tageswerten bewerteten Einzelteile eines betrieblichen Vermögens?

Sachwert oder Substanzwert, (Schmalenbach und Gutenberg nennen ihn Teilreproduktionswert; Münstermann: Teilrekonstruktionswert.)

938. Wie nennt man den über den Sachwert einer Unternehmung hinausgehenden Wert?

Firmenwert. (Näheres darüber vgl. Fragen 205 ff.)

939. Welche Wege (Methoden) der organischen Bewertung einer Wirtschaftseinheit gibt es?

Den Leistungseinheitswert, den Börsenwert, den Ertragswert und den Zukunftserfolgswert.

940. Was will der Leistungseinheitswert?

Er will auf Grund hypothetischer Gleichstellung sämtlicher Wirtschaftsdaten von zwei zu vergleichenden Betrieben beweisen, daß die Leistungsfähigkeit eines Betriebes den ausschlaggebenden Wert ausmacht. (Zwei Betriebe haben gleiches Vermögen in jeder Beziehung, der eine leistet aber bei gleicher Qualität doppelt so viel Güter, dann ist er auch doppelt soviel wert wie der andere.)

941. Erklären Sie den Börsenwert!

Die Börsenwertmethode kommt nur bei Betrieben in Frage, deren Eigenkapital in Effekten manifestiert ist. Vor allem also bei Aktiengesellschaften. Man geht vom Kurswert der Effekten aus und errechnet den Börsenwert nach der Formel: Grundkapital mal Kurs durch hundert. (Ist das Grundkapital eines Betriebes 500 000,– DM und der Kurs seiner Aktien 150, dann muß man 750 000,– DM ausgeben, um den Betrieb zu kaufen; also ist er auch 750 000,– DM wert.)

Die Methode hat den Nachteil, daß Börsenspekulation und Gewinnerwartungen den Kurs so stark verändern können, daß er den Wert der Unternehmung gar nicht widerspiegelt.

942. Wie will die Ertragswertmethode den Wert eines Betriebes ermitteln?
Diese Methode geht von dem Grundgedanken aus, daß ein Betrieb heute so viel wert ist, wie er in aller Zukunft an Reinerträgen (Gewinnen) liefern wird. Bei Betrieben mit unbegrenzter Nutzungsdauer kapitalisiert man den richtigen durchschnittlichen auf die Zukunft prognosenhaft umgestellten Jahresgewinn der Vergangenheit. Bei Betrieben mit begrenzter Nutzungsdauer unterwirft man den genannten Gewinn einer Zinsesverzinsung und diskontiert durch die Rentenbarwertformel auf heute. Das Problem dieser Methode ist die richtige Gewinnerfassung und die Kenntnis des zukünftigen Zinses.

943. Die augenblicklichen Buch- bzw. Bilanzwerte des Vermögens einer Unternehmung betragen 3,4 Mill. DM. Das Eigenkapitalkonto zeigt 2,1 Mill. DM an und die Schulden (das Fremdkapital) belaufen sich auf 1,3 Mill. DM.
Wie hoch ist der Buchwert der Unternehmung?
Antwort Seite 204

944. Womit ist der Buchwert immer identisch?
Antwort Seite 204

945. Nehmen Sie an, das Vermögen in der Frage 943. sei um 0,9 Mill. DM unterbewertet und die Schulden mit 0,2 Mill. DM überbewertet. Wie hoch sind die stillen Reserven und wie heißt der Wert der Unternehmung unter Beachtung (Auflösung) der stillen Reserven?
Antwort Seite 204

946. Das Grundkapital einer Aktiengesellschaft beträgt 80 Mill. DM. Der Börsenkurs der Aktien beträgt bei Stücknotierung für eine 100,– DM-Aktie 250,– DM.
Wieviel müßte ein Käufer auf dem Wege des Aktienkaufes für das gesamte Unternehmen bezahlen, d. h. wie hoch ist der Börsenwert?
Antwort Seite 204

947. Was versteht man unter dem Ertragswert einer Unternehmung?
Eine Unternehmung ist soviel wert, wie sie in aller Zukunft an Gewinn liefert. Es wird der durchschnittliche zukünftige Jahresgewinn kapitalisiert. Dabei ist der sog. Kapitalisierungsfaktor 100 dividiert durch p. Unter p ist die objektive oder subjektive Ver-

zinsungsvorstellung des Kapitals in der betreffenden Unternehmung zu verstehen.

948. Wie wird der Ertragswert berechnet?

$$\frac{G \cdot 100}{p}$$

Dabei ist G der durchschnittliche Jahresgewinn der Zukunft (hergeleitet aus dem durchschnittlichen Jahresgewinn der Vergangenheit. 100 : p ist der Kapitalisierungsfaktor.

949. Angenommen der durchschnittliche Jahresgewinn der Vergangenheit beträgt 30 000,— DM. Für die weitere Zukunft wird mit einer jahresdurchschnittlichen Steigerung von 33 1/3 % gerechnet. Der bewertende Käufer dieser Unternehmung möchte, daß sich sein Kapital mit 10 % verzinst. Wieviel ist ihm die Unternehmung nach der Ertragswertmethode wert bzw. wie hoch ist der Gesamtwert der Unternehmung?

Antwort Seite 204

950. Welche Idee liegt der Berechnung des Zukunftserfolgswertes zu Grunde?

Es handelt sich um eine finanzielle, d. h. auf Einnahmen und Ausgaben beruhende Berechnung des Gesamtwertes einer Unternehmung. Alle jahresweise gesehenen Einnahmen der Zukunft (E_1, E_2, . . . E_n) werden auf den heutigen Bewertungstag diskontiert, also ihr Barwert (E_0) berechnet. Dies geschieht durch den Abzinsfaktor q $(= 1 + \frac{p}{100}$).

Das gleiche geschieht mit den Ausgaben. Der Saldo zwischen dem Gegenwartswert der Einnahmen und dem Gegenwartswert der Ausgaben (A_0) ist der Zukunftserfolgswert.

951. Wie wird der Zukunftserfolgswert (W_Z) berechnet?

$$E_0 \quad ./. \quad A_0 \quad = W_Z.$$

$$\text{Dabei ist } E_0 \quad = \quad \frac{E_1}{q} + \frac{E_2}{q^2} + \ldots \ldots + \frac{E_n}{q^n}$$

$$A_0 \quad = \quad \frac{A_1}{q} + \frac{A_2}{q^2} + \ldots \ldots + \frac{A_n}{q^n}$$

C. Die Finanzierungstechniken

6. Banken und Börsen

952. Was sind Banken und welche Bankentypen kennen Sie?
    a) Banken sind Institutionen, die Geld, das sie von anderen Stellen aufnehmen oder selbst schaffen (Buchgeld), zu Finanzierungszwecken an Haushalte, Unternehmen und öffentliche Einrichtungen weitergeben.
    b) Geschäfts- bzw. Mischbanken einerseits und Spezialbanken andererseits. Geschäftsbanken betreiben vielerlei Arten von Bank- bzw. Kreditgeschäften. Spezialbanken haben sich auf bestimmte Ressorts spezialisiert (z. B. Hypothekenbanken, Depositenbanken, Emissionsbanken).

953. Wie kann man Banken rechtlich einteilen?
    a) Nach der Rechtsform unterscheidet man Banken, die juristische Personen des öffentlichen Rechts sind (z. B. die Bundesbank) und Banken, die als natürliche Personen (Einzelunternehmung, Personengesellschaft) und als juristische Personen des privaten Rechts (Kapitalgesellschaften, Genossenschaften) auftreten.
    b) Nach dem Eigentum geordnet gibt es Banken, die der öffentlichen Hand gehören und solche, deren Eigentum sich in privaten Händen befindet.

954. Sind öffentliche Banken dasselbe wie öffentlich rechtliche Banken bzw. privatrechtliche Banken dasselbe wie private Banken?
    Antwort Seite 204

955. Stellen Sie die denkbaren Einteilungs- bzw. Verbindungsstriche zwischen Rechtsform und Eigentum der Banken her! In welcher Kombination können Banken auftreten?

Öffentliche Banken	Private Banken
öffentlich-rechtliche Banken	privat-rechtliche Banken

    Antwort Seite 204

956. Nennen Sie für die drei gefundenen Verbindungsfälle der Antwort zu 955. je ein Beispiel.
    Antwort Seite 204

957. Was sind Börsen?

Börsen sind Märkte, an denen zu bestimmten Zeiten vertretbare, aber nicht anwesende Güter gehandelt werden. Börsen sind vollkommene Märkte, die allen Anbietern und Nachfragern Marktübersicht verleihen und die Möglichkeit geben, zum Zuge zu kommen.

958. Welche Arten von Börsen kennen Sie?

Effektenbörsen, an denen Wertpapiere gehandelt werden; Devisenbörsen, an denen ausländische Sorten und Devisen gehandelt werden; Waren- bzw. Produktenbörsen, an denen standardisierte weltwirtschaftlich wichtige Güter gehandelt werden.

959. Was haben Effektenbörsen und Banken gemeinsam?

Sie sind Verkehrseinrichtungen, die dem Zahlungsverkehr und der Finanzierung dienen.

960. Welche Vertragsarten von Wertpapiergeschäften gibt es?

Es gibt das Kassageschäft (Zug um Zug) und das Termingeschäft. Das Termingeschäft ist ein Spekulationsgeschäft. Es wird heute zum Kurse von heute abgeschlossen, geleistet aber erst in der Mitte (medio) oder am Ende (ultimo) des nächsten Monats. Inzwischen hat sich aber der Kurs verändert. Der Verkäufer spekuliert à la baisse und der Käufer à la hausse.

961. Erklären Sie die Zeichenusancen b, B und G bei der Bekanntgabe der Börsenkurse!

b heißt: zu diesem Kurs wurde gehandelt, er wurde tatsächlich bezahlt. B. heißt: es bestand zwar Angebot (Brief) zu dem bekanntgegebenen Kurs, aber keine Nachfrage. G heißt: es bestand Nachfrage (Geld), aber kein Angebot.

962. Kombinieren Sie unter Beachtung der Frage 961. die Bezeichnung bB und bG! Was besagen diese Bezeichnungen?

Antwort Seite 204

963. Welche Bankgeschäfte kennen Sie?

Dienstleistungsgeschäfte und Kreditgeschäfte.

964. Nennen sie die Dienstleistungsgeschäfte der Banken!

Kreditleihe (Akzeptkredit, Bürgschaften), Depotgeschäfte (Wertpapiere und andere Wertsachen aufbewahren) und Maklergeschäfte (Wertpapiere und Devisen für Fremde und Kunden an- und verkaufen).

965. Welche Kreditgeschäfte der Banken gibt es?

Man unterscheidet Aktiv- und Passivgeschäfte. Aktivgeschäfte sind

Kredithergabe, Passivgeschäfte sind Kreditaufnahme, Aktivgeschäfte sind die verschiedensten Formen von kurz-, mittel- und langfristiger Kredithergabe. Passivgeschäfte sind die verschiedensten Formen der Depositenaufnahme (Kasse- und Spardepositen).

966. Was ist Kontokorrentkredit?

Der Kredit, der den Kunden der Bank in laufender Rechnung gewährt wird, heißt Kontokorrentkredit. Die Kunden dürfen für eine bestimmte Zeit und in bestimmter Höhe jeweils ihr Konto überziehen.

967. Was versteht man unter Wechselkredit bzw. Diskontgeschäft?

Die Aussteller, Remittenten oder letzten Indossanten eines Wechsels können zur Bank gehen, um diesen diskontieren zu lassen. Sie bekommen in Höhe der Wechselsumme unter Abzug von Spesen und Zinsen (Diskont) einen Kredit und treten dafür der Bank die Forderungen an den Wechselbezogenen ab.

968. Was ist ein Lombardkredit?

Das ist ein Faustpfandkredit. Die Bank nimmt Wertgegenstände (besonders Wertpapiere) in Pfand und beleiht sie mit Krediten.

969. Wer setzt den Lombardzins und den Diskontsatz fest?

Die Notenbank (d. h. in der Bundesrepublik die Bundesbank).

970. Was ist ein Rembourskredit?

Rembourskredit ist eine besondere Form des Akzeptkredits. Beim Akzeptkredit tritt die Bank anstelle des Bezogenen als Akzeptant und damit als Bürge auf. Überträgt man diesen Vorgang auf ein Importgeschäft und nimmt die Bank die Verladepapiere in Pfand, dann spricht man von Rembourskredit.

971. Sehen Sie bezüglich des Devisengeschäftes einen Unterschied zwischen Mengen- und Preiswechselkurs?

Unter Mengenwechselkurs versteht man die ausländische Währungsmenge, die man für eine inländische Währungseinheit bekommt. (Wieviel Dollar für *eine* DM?) Preiswechselkurs ist der Preis der ausländischen Währungseinheit, ausgedrückt in inländischer Währung. (Was kostet ein Dollar, ausgedrückt in DM?)

972. Wodurch unterscheiden sich Hypothekarkredit und Hypothekenpfandbriefkredit?

Beim Hypothekarkredit besteht ein Kreditverhältnis zwischen Geldgeber und Geldnehmer, wobei der Geldnehmer Grundstückseigentümer ist und mit seinem Grundstück haftet. Beim Hypothekenpfandbrief besteht ein Kreditverhältnis zwischen Geldgeber und Geldnehmer, wobei der Geldnehmer eine Hypothekenbank ist. Sie haftet mit ihrem Eigenkapital und den Grundstücken ihrer Kreditnehmer. Äußerer Beweis für die Haftung und das Kreditverhältnis ist der Hypothekenpfandbrief. Er ist ein festverzinsliches, handelsfähiges Wertpapier.

973. Sind Liquiditäts- und Rentabilitätsbestrebungen sich widersprechende Bankzielsetzungen?

Ja. Je mehr die Bank rentabel sein will, um so mehr Kredite muß sie geben, um so illiquider wird sie also.

974. Was bezweckt und besagt die goldene Bankregel?

Sie bezweckt, daß die Liquidität nicht zu Gunsten der Rentabilität geopfert wird. Sie soll Illiquidität der Banken verhindern. Sie lautet: Kurzfristig aufgenommene Kredite (Depositen) dürfen nur kurzfristig wieder ausgegeben werden. Langfristig aufgenommene Kredite dürfen durch die Bank (müssen aber nicht) langfristig ausgegeben werden.

7. Geld- und Kapitalmarkt

975. Was versteht man unter Geldmarkt?

Das ist der Markt, an dem kurz- und mittelfristige Kredite gehandelt werden.

976. Welche Aufgaben hat der Geldmarkt?

Er dient dazu, die kürzerfristigen Produktivitätshemmungen und finanziellen Betriebsstörungen zu beseitigen und finanziert das Umlaufvermögen.

977. Was versteht man unter Kapitalmarkt?

Das ist der Markt, an dem langfristige Kredite gehandelt werden.

978. Welche Aufgaben hat der Kapitalmarkt?

Er sorgt für die Finanzierung von Investitionen, von neuen Unternehmungen und Betriebserweiterungen. Er ist also Markt für den Anlagekredit. Er dient aber auch der Auswechslung der Kreditgeber (Wertpapierankauf und -verkauf).

979. In welchem Verhältnis stehen Banken und Börsen zum Geld- und Kapitalmarkt?

Geschäftsbanken dienen hauptsächlich dem Geldmarkt, Depositen- und Hypothekenbanken, Wiederaufbau-, Investitionskredit- und Emissionsbanken widmen sich dem Kapitalmarktgeschehen. Börsen sind reine Institutionen des Kapitalmarktes.

980. Wie nennt man die Zinsen am Geld- und Kapitalmarkt?
Der typische Geldmarktzins ist der Diskont. Der typische Kapitalmarktzins wird landesüblicher Zins genannt. Er ist eine Art Mittel
aus Hypothekarkreditzinsen, Dividenden und Obligationen- und
Hypothekenpfandbriefzinsen.

981. Erklären Sie den Unterschied zwischen Soll- und Habenzinsen!
Habenzinsen sind die Zinsen der Kreditgeber, der Sparer. Sie sind
also Zinseinkommen. Sollzinsen sind Habenzinsen plus Verwaltungskosten, plus Risikoprämie und Gewinn der Banken. Sie sind
die Zinsen der Kreditnehmer, also deren Kosten.

982. Welche Geschäfte sind am Geldmarkt üblich?
Wechselkredite, Lombardkredite, Monats- und Tagesgeld, Personal-
und Kontokorrentkredite.

983. Welches sind die typischen Geschäfte am Kapitalmarkt?
Effektenkredite, langfristige Darlehen (z. B. 7 c- oder 7 d-Dar-
lehen), Hypothekarkredite und die landwirtschaftlichen Meliora-
tionskredite.

984. Was geschieht Ihres Erachtens mit dem (Nominal-) Zins am Kapitalmarkt, wenn der Geldmarktzins steigt?
Antwort Seite 205

985. Welcher Unterschied besteht zwischen Nominal- und Quotenpapieren?
Quotenpapiere lauten auf einen Bruchteil (ein Tausendstel z. B.)
des Unternehmungsvermögens. Kuxe sind das typische Beispiel.
Nominalpapiere lauten auf einen Nennbetrag (z. B. auf 1000,— DM).
Aktien, Pfandbriefe, Obligationen sind Nominalpapiere.

986. Erklären Sie den Unterschied zwischen Inhaber- und Namensaktien!
Inhaberaktien lauten auf keinen Namen. Sie gehören dem jeweiligen
Besitzer. Sie sind durch Übergabe übertragbar. Namensaktien lauten
auf den Namen des Inhabers. Sie werden in einem Aktienbuch bei
der AG geführt. Übertragung ist nur durch Indossament möglich.
Vinkulierte Namensaktien sind sogar nur mit Zustimmung der
Gesellschaft übertragbar.

987. Sehen Sie einen Unterschied zwischen Global- und Großaktien?
Eine Aktiengesellschaft gibt angenommenerweise vorwiegend Aktien zu 1000,— DM aus. Darüber hinaus gibt sie aber auch noch
solche zu 10 000,— oder 100 000,— aus. Das sind Großaktien.
Wenn jemand dagegen mehrere kleinere Wertstückelungen (z. B. zu
100,— oder 1000,— DM) hat, dann kann er sich eine zusammen-
fassende Aktie ausstellen lassen. Das ist eine Globalaktie.

988. Was sind Stammaktien?

Das sind normale Aktien, die mit einer Stimme und gewöhnlichem Recht zur Gewinnbeteiligung ausgestattet sind.

989. Welche Arten von Vorzugsaktien kennen Sie?

Mehrstimmrechtsaktien (Ausgabe seit 1937 verboten) und Mehrgewinnaktien. Bei diesen unterscheidet man wieder Prioritätsdividende (zeitlicher Gewinnvorzug), Vordividende (man bekommt vorab und mit den Stammaktien noch einmal), limitierte Dividende (fest Verzinsung, nur in Verlustjahren nicht) und kumulative Dividende (Gewinn auch für Verlustjahre).

990. In der Aktiengesellschaft M gibt es neben den Stammaktien zwei Typen von Vorzugsaktien, nämlich die Vordividenden (a) und die limitierte Vorzugsdividenden (b). Für a sind in der Satzung 4 % und für b sind 6 % Dividendenanspruch festgesetzt. Die diesjährige Nominaldividende beträgt 9 %. Wieviel Dividende erhalten die Stammaktionäre (1), die Vordividenden-Aktionäre (2) und die limitierten Vorzugsdividenden-Aktionäre (3)?

Antwort Seite 205

991. Kennen Sie noch andere Aktienarten als die Vorzugsaktien und die nach Größenordnungen bezeichneten Aktien?

Familienaktien, Gratisaktien, Vorratsaktien.

992. Was sind Obligationen?

Das sind Fremdkapital darstellende Wertpapiere. Die Geldgeber sind Kreditgeber. Sie haben Anspruch darauf, ihr Geld nach Laufzeitende wieder zurückzubekommen, während die Aktionäre diesen Anspruch nicht haben, aber am Gewinn, am Firmenwert, an den stillen Reserven und am Liquidationserlös beteiligt sind. Die Obligationäre haben nur Anspruch auf den vorher festgelegten Rückzahlungskurs und bekommen einen festen Zins.

993. Welche Arten von Obligationen gibt es?

Industrieobligationen und Kommunalobligationen. Für den Fall, daß Obligationen noch zusätzlich am Gewinn beteiligt sind, unterscheidet man noch zwischen Gewinn- und Zinsobligationen.

994. Sehen Sie einen Unterschied zwischen Interimsscheinen und Genußscheinen?

Ja. Interimsscheine sind Vorläufer der endgültigen Aktien. Sie werden bei Neuemission ausgegeben, wenn noch nicht feststeht, wieviel Wertpapiere gezeichnet bzw. gekauft werden. Genußscheine sind Anrechte auf Gewinn, aber haben in der Regel kein Stimmrecht.

995. Was sind Anleihen?

Sie sind wie Obligationen Fremdkapital darstellende Wertpapiere. Sie werden aber nur vom Staat oder von staatlich beauftragten Instanzen (z. B. Bundesbahn) ausgegeben. Da der Staat (im Gegensatz zu Kommunen bei Kommunalobligationen) nur abstrakt mit seinem Vermögen haftet, ist eine Zwangsvollstreckung bei Nichtrückzahlung zu Ende der Laufzeit nicht möglich. So kommt es, daß die Käufer von Anleihen bzw. Schatzanweisungen häufig ihr Kreditgeld nicht ganz oder gar nicht zurückerhalten.

996. Vergleichen Sie Nominal- und Effektivzins!

Nominalzins ist der in Prozenten auf den Nennwert des Kapitals bezogene Zinssatz. Der Effektivzins ist der Nominalzins auf den Effektiv- bzw. Kurswert des Kapitals bezogene Zins.

997. Die Dividende, die ein Aktionär erhält beträgt 6 %. Der Börsenkurs seiner Aktie wird z. Zt. bei einem Stückwert von 100,— DM für 300,— DM notiert (= 300 %).

a) Wie hoch ist der Nominalzins?
b) Wie hoch ist der Effektivzins?
Antwort Seite 205

998. Was ist Leasing und welche Art von Finanzierung stellt es dar?
Antwort Seite 205

999. Erklären Sie das Factoringsystem!

Eine Unternehmung hat Forderungen an ihre Kunden aus Warenlieferungen und/oder Leistungen. Diese kann sie abtreten. Ein Factor ist ein Unternehmen (Töchter von Banken und Versicherungen), das solche Forderungen aufkauft und auf eigenes Risiko hin eintreibt. Für die abtretende Unternehmung handelt es sich um eine Finanzierungsform, für die sie Zinsen, Gebühren und Risikoversicherung bezahlen muß.

1.000. Wodurch unterscheidet sich reines Inkasso (wie es z. B. von den Verrechnungsstellen der Ärzteverbände betrieben wird) von dem unter 999. geschilderten Factoringsystem?
Antwort Seite 205

Antworten und Lösungen

zu 305.

Rohstoffe	Hilfsstoffe	Betriebsstoffe
Leder	Nägel	Putzmittel
Gummisohlen	Schuhriemen	Energieverbrauch
	Ösen	

zu 309b Er muß technische Kenntnisse der Fertigung, technisches Wissen über die Materialqualität und kaufmännisches Verhandlungsgeschick besitzen.

zu 309d Transport- und Versicherungskosten, Zölle und Verbrauchsteuern.

zu 312
und 313.

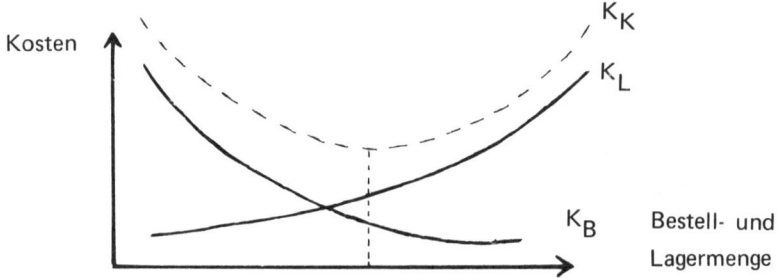

Die Kurve K_K enthält alle Bestellungs- und Lagerungskosten. Sie verläuft u-förmig und hat einen Tiefpunkt.

zu 316. Betriebe, die eine fertigungsadäquate Anlieferung, also keine eigene Lagerhaltung haben, müssen dennoch Wert auf eine Eingangskontrolle legen. Der Kontrollvorgang ist kein anderer als wenn eine selbständige Lagerhaltung vorliegen würde.

zu 318. Um rechtzeitige Reklamationsansprüche geltend zu machen, um Produktionsleerläufe zu verhindern, um evtl. den Lieferanten zu wechseln, um die eigenen Bestellungen möglicherweise deutlicher zu bezeichnen oder um die Bestellung in Zukunft früher herausgehen zu lassen.

176

zu 321. a) Teilkontrolle kann so geschehen, daß aus einer Sendung etliche Stichproben herausgegriffen werden, um sie auf ihre Qualität hin zu prüfen.

b) Teilkontrolle kann gemeint sein nur als Kontrolle zwischen Lieferschein und Sendung.

zu 322. Vollkontrolle ist sicherer, aber kostspielig. Bei Teilkontrolle ist nur eine Überprüfung der Qualitäten nicht der Quantitäten möglich. Dennoch geschieht eine Teilkontrolle bei großen einheitlichen Maßen an Materialeingängen. Das bewirkt Kostenersparnis.

zu 323. Vollkontrolle liefert den absoluten Beweis für die Übereinstimmung zwischen eigener Bestellung, Lieferschein und Lieferung. Sie ist also sicherer. Bei Teilkontrolle mag zwar eine Übereinstimmung zwischen Lieferschein und Lieferung bestehen. Es ist damit aber nicht gesagt, daß die Lieferung der eigenen Bestellung entspricht. Das ist gefährlich.

zu 325. Wer zuerst auf den Schein, dann in die Sendung schaut, ist leicht voreingenommen und sieht evtl. das, was auf dem Schein steht, auch in der Sendung, ohne daß es sich in der Art oder vollständigen Menge darin befindet. Erst den Sendungsinhalt sehen und zählen, dann Art und Menge auf dem Schein suchen, bringt weniger Voreingenommenheit in die Kontrolle.

zu 330. Eine nennenswerte räumliche Betriebsgröße in einem Betriebe, der sehr viele Materialtypen benötigt. Die einzelnen Fertigungsstätten benötigen und verwenden je ganz andere Materialtypen. Wenn in einem Betriebe solche Bedingungen vorliegen, so ist ein dezentrales Lagersystem angebracht.

zu 333. Schwer zu findende Werkstoffe verursachen Zeit und Kosten, fehlende Übersichtlichkeit erschwert das Zählen und verhindert möglicherweise eine zu späte Neubestellung. Nicht geräumige Lagerung verursacht Unfälle und Zeitverlust beim Transportieren. Nicht produktadäquate Lagerung der Werkstoffe führt zu Schwund und Verderb, der nicht nötig wäre.

zu 335. Der nichtbestimmungsgemäße Verbrauch. Das sind Schwund, Privatentnahmen, Diebstahl.

zu 337. Der vom betrieblichen Werkstoffempfänger quittierte Materialentnahmeschein ist ein interner Beleg für die Kostenartenrechnung.

zu 343.

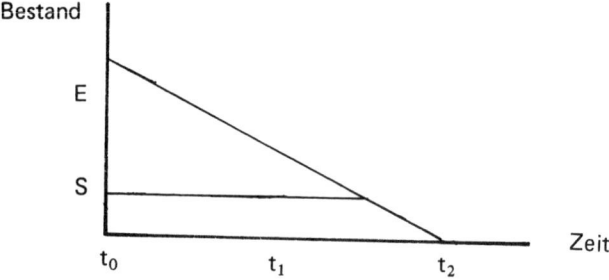

zu 345 a) Von heute ab (t_0) in eineinhalb Monaten.
b) Bestand

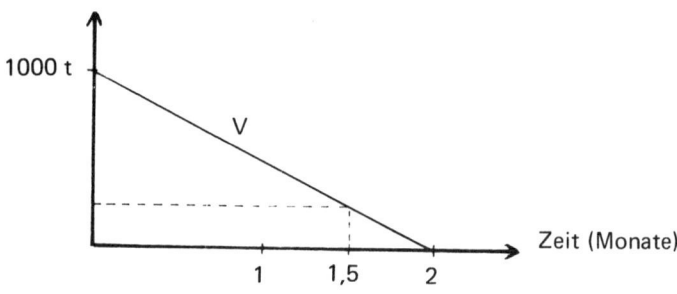

zu 347.   250 Tonnen.

zu 352. Differenzierung: Mercedes 350 S (Vergasermotor) und 350 SE (Einspritzmotor).
Variation: VW K 70 zunächst nur zweitürig, später nur viertürig.

zu 354. a) Eine bestimmte Pralinensorte in Norddeutschland mit Hanseatenbild auf der Verpackung.
b) Ein bestimmter Fertighaustyp einerseits etwas preisgünstig für mittlere Beamte und etwas luxuriöser für gehobenen Mittelstand angeboten. Diese Diversifikation wird zusätzlich durch Bild und Text der Reklame hervorgehoben.

178

zu 358. Eine Schokoladenfabrik hat eine eigene Molkerei, Landwirtschaft, Kakao- und Zuckerrohrplantage. Die größte Produktionstiefe ist bei einer Konsumgüterproduktion mit Urproduktionsanschluß gegeben.

zu 359. Hohe fixe Kosten. Unelastisch. Hohe Liefersicherheit. Im günstigen Absatzfalle hohe Gewinne, da auch die Gewinne der Zwischenstufe kassiert werden können.

zu 362. Das ist die physische Lebensdauer eines Produktes. Das Produkt kann noch leben, selbst wenn es am Markte nicht mehr zu erwerben ist. Das Gut kann sogar dann noch existieren und nützlich sein, selbst wenn es durch technischen Fortschritt bereits überholt ist.

zu 373.

Arbeitsstufe	Arbeitsgriffe	Arbeitsgriffelemente
Sacktragen	Zupacken	rechte Hand am Sackzipfel linke Hand in Bodenlage
	Anheben	linke Hand stemmen rechte Hand reißen
	Schulterauflage	rechter Ellenbogen winkeln linker Ellenbogen drücken

zu 375. Anwärmen, Einspannen, Adjustieren, Vorprobieren, Zeichnung ansehen, Werkzeug montieren

zu 385. Nach dem Taylor-System für beide Arbeiter je 24 Minuten Zeitvorgabe. Wer die Zeit überschreitet, erhält nach dem Differentiallohnsystem Lohnabzug.
Nach dem Refa-System für beide Arbeiter der Durchschnitt aus den Leistungen beider Arbeiter aus allen Tagen. Das sind 27,1 Minuten.

zu 396. a) Trennbauten mit Querreihenaufstellung. Trennbau ist im Vergleich zu Verbundbau kostengünstiger. Querreihenaufstellung eignet sich besonders dann, wenn der Produktionsprozeß gebäudeweise getrennt verläuft.
b) Verbundbauten mit Längsreihenaufstellung. Verbundbauten sind teurer, genießen aber den Vorteil, daß die Erzeugnisse auf dem Transport von Gebäude zu Gebäude von Witterungseinflüssen unberührt bleiben. Längsreihenaufstellung ist besonders bei Fließproduktion geeignet. Allerdings wäre es dann im Gegensatz zu der zu

kommentierenden Zeichnung besser, die Verbindungen gingen von 1 nach 2 nach 3, evtl. von 3 nach 6, von 6 nach 5 und von 5 nach 4.

zu 405a. Das Förderwesen ist dann möglicherweise nicht vollbeschäftigt. Jede Betriebsstelle beharrt auf den Verfügungszeitraum. Unelastisch.

zu 405b. Für einen Großbetrieb mit einheitlicher Massenproduktion, in dem der zu transportierende Produktionsanfall schon deshalb gleichförmig ist, weil für den anonymen Markt produziert wird.

zu 405c. Fuhrpark sind die zwischenbetrieblich eingesetzten Transportmittel. Förderwesen sind die innerbetrieblich eingesetzten Transportmittel. Für die letztgenannten gelten zwar Unfallverhütungsvorschriften (TÜV, Berufsgenossenschaften), aber keine gesetzlichen Verkehrsvorschriften.

zu 416. Die Arbeiter stehen Rücken an Rücken. Das hat den Vorteil, daß sie sich nicht unterhalten und auch sonstwie nicht stören können. Da der Arbeitsfluß (etwa im Sinne einer Fließfertigung) gehemmt ist, eignet sich diese Platzaufstellung am besten für Einzelplatzfertigung (Fräserei, Bohrerei, Schleiferei).

zu 427a. 6.400,– DM. Das sind 20 % von 32.000,– DM. Diese sind der Buchwert nach der ersten Abschreibung von 8.000,– DM des ersten Jahres.

zu 427b. Es kommt die sog. gebrochene Abschreibung zum Tragen:
a) Fixkostenabschreibung
   12.000,– DM : 10   = 1.200,–
   1.200,– DM : 12   =   100,– DM
b) Variable Kostenabschreibung
   18.000,– DM : 18.000 Std. = 1,– DM/Std.
   1,– DM · 200 Stunden =   200,– DM

   Monatsabschreibung   300,– DM

zu 440. Es handelt sich um ein Dauerwerkzeug bis 5 Jahre Lebensdauer, das zu den Bohrwerkzeugen zählt, im Lager A gelagert wird und importiert wurde.

zu 448b. Berufsgenossenschaften.

zu 462. Arbeitsplatz A   47 Punkte · 0,20 DM =   9,40 DM/Std.
        Arbeitsplatz B   54 Punkte · 0,20 DM = 10,80 DM/Std.

zu 463. 5 Min. · 1,3 = 6,5 Min. Vorgabezeit.

6,5 Min. · 600 Stück = 3.900 Gutschriftsminuten

3.900 Min. = 65 Stundengutschrift

65 Stunden · 10,– DM Akkordgrundlohn = 650,– DM Wochenakkord.

zu 471 $E = f (M_A, M_B, M_C)$

(Sie haben damit die Formulierung der reinen Produktionsfunktion gefunden.)

zu 472 Eine Funktion.

zu 473 Ertrag ist das Ergebnis der Produktion bzw. Produktionsfaktorenkombination in Erzeugungs*mengen* ausgedrückt.

zu 476 Durch die Höhe der Grenzerträge. Der Grenzertrag ist das Steigungsmaß des Gesamtertrages.

zu 477

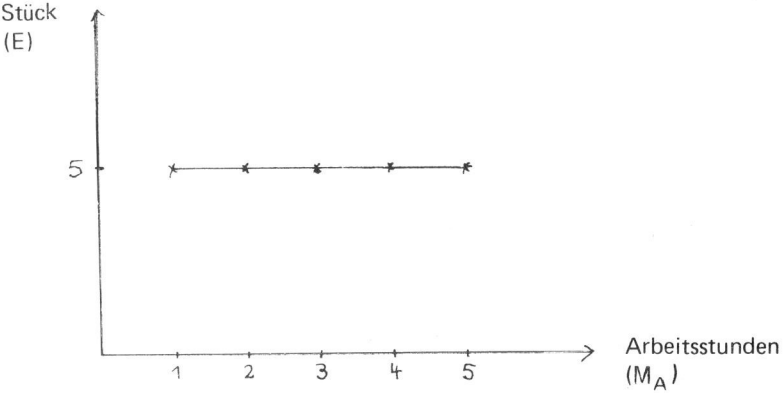

zu 478

Arbeiter	Stück
0	0
1	5
2	10
3	15
4	20
5	25

zu 479

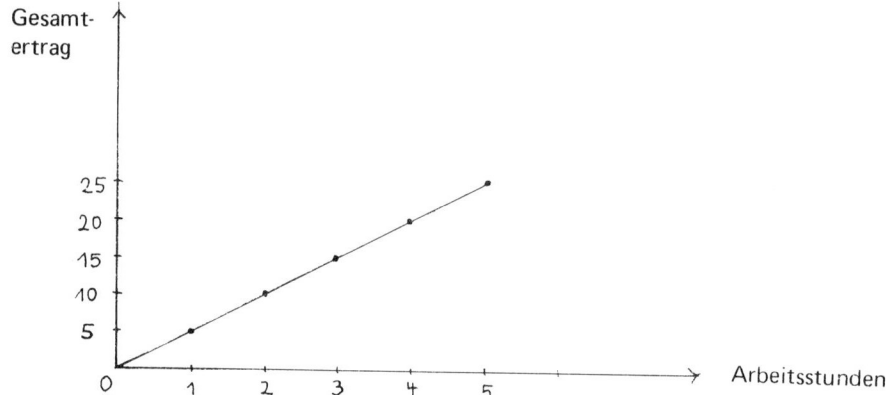

zu 481 | Arbeitsstunden | Durchschnittsertrag |
|---|---|
| 0 | — |
| 1 | 5 |
| 2 | 5 |
| 3 | 5 |
| 4 | 5 |
| 5 | 5 |

zu 482 Der Gesamtertrag verhält sich bei konstanten Grenzerträgen linear ansteigend.

zu 483 Der Durchschnittsertrag ist bei konstanten Grenzerträgen konstant und deckungsgleich (nicht begriffsgleich) mit den Grenzerträgen.

zu 484 Der Grenzertrag ist die letztliche Bestimmungsgröße.

zu 485 Der Verlauf des Grenzertrages hängt von einer Reihe von Einsatzfaktoren ab, wie sie in der Antwort zur Frage 184 vermerkt sind.
(Mit dieser Antwort formulierten Sie den Charakter der „allgemeinen Produktionsfunktion".)

zu 486 Nach der reinen Theorie bestimmt allein die Faktoreinsatzmenge den Verlauf des Grenzertrages.
(Mit dieser Formulierung fanden Sie die sog. „spezielle Produktionsfunktion".)

zu 487	Arbeitsstunden	Gesamtertrag (E)	Durchschnittsertrag (ϕE)
	0	0	0
	1	4	4
	2	11	5,5
	3	20	6,7
	4	27	6,8
	5	31	6.2
	6	31	5,2

zu 488

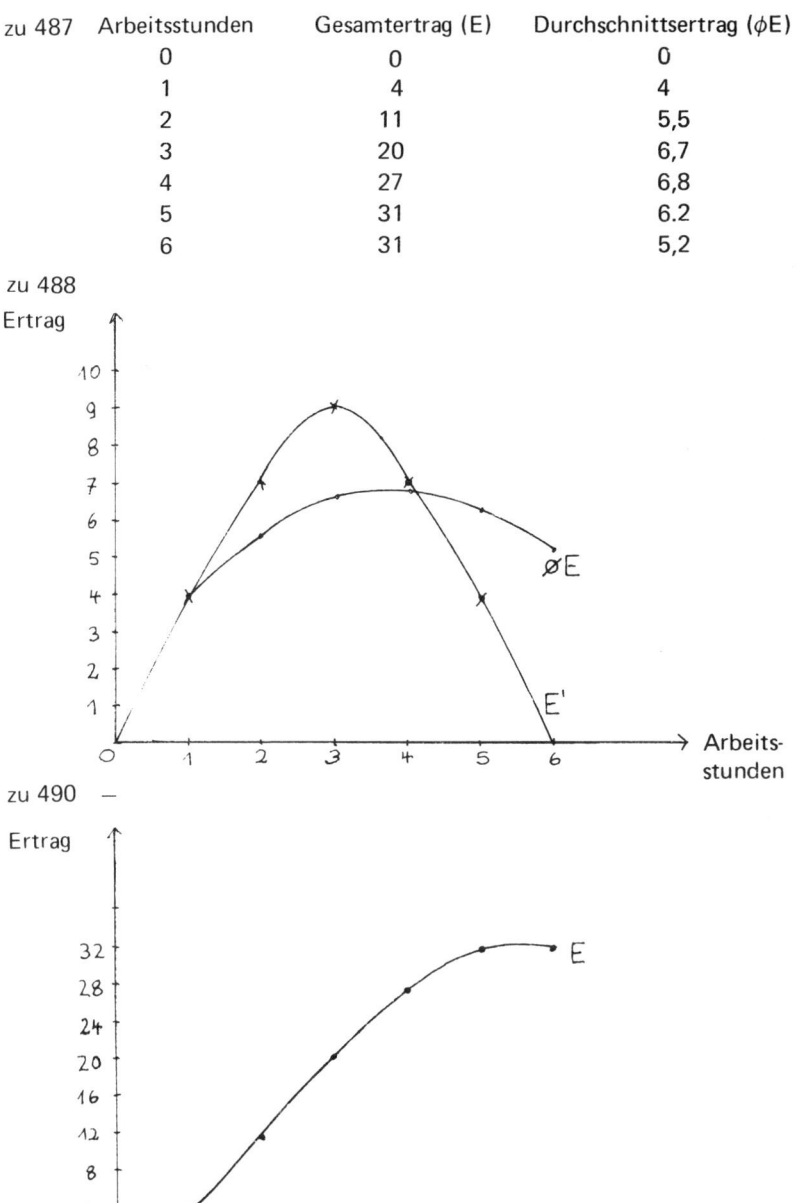

zu 490   —

zu 492   Zu parabelförmigem Grenzertrag gehört parabelförmiger (nicht deckungsgleicher) Durchschnittsertrag.

zu 493   Parabelförmiger Grenzertrag führt zu kubisch-parabolisch verlaufendem Gesamtertrag.

zu 494   a) Der Gesamtertrag steigt ständig überproportional an.
b) Der Durchschnittsertrag fällt — wenn auch langsamer als der Grenzertrag — ständig.

zu 495   Es wird verändert
a) die Einsatzmenge der Produktionsfaktoren,
b) die Faktorproportion.

zu 498   Da sich die konstant gehaltenen Faktoren immer mehr im Minimum befinden und sich die Faktorproportion bei steigendem Einsatz des einen variablen Faktors ständig verschlechtert, fällt der Grenzertrag.

zu 499   Der Grenzertrag verläuft parabelförmig.

zu 500   a) Der Grenzertrag verläuft parabelförmig.
b) Der Durchschnittsertrag verläuft parabelförmig.
c) Der Gesamtertrag verläuft kubisch-parabolisch.
(Haben Sie diese Antwort formuliert, und ist Ihnen klar, daß Sie die dazugehörigen Zahlen und Graphiken in der Antwort 488/489 bereits erstellt haben, dann kennen Sie nunmehr Begründung und Inhalt des berühmten Ertragsgesetzes. Es handelt sich um *eine* der möglichen Produktionfunktionen.)

zu 503   Variable Limitationalität oder nicht lineare Faktorproportion.

zu 505   Die x-Achse müßte jeweils (pro Strich mit arithmetischem Abstand) mit einer bestimmten Mengenproportion der eingesetzten Faktoren beschriftet werden. Die x-Vermehrung stellt jeweils ein bestimmtes „Faktorbündel" (der Verfasser) dar.
(Damit haben Sie die in der herrschenden Lehre meist mit λ (Lambda) bezeichnete konstante Faktorproportion als darstellungsrichtig erkannt.)

zu 506   Der Grenzertrag verhält sich konstant.

zu 507   Der Gesamtertrag steigt linear an.

zu 508   Der Grenzertrag ist konstant und der Gesamtertrag verläuft linear ansteigend.
(Mit dieser richtigen Antwort haben Sie die berühmte „Leontief-Funktion", die Produktionsfunktion mit konstanter Limitationalität gefunden.)

184

zu 511   Die Antwort ist die gleiche wie zu 510.

zu 512   Keine Ertragsvermehrung.

zu 514

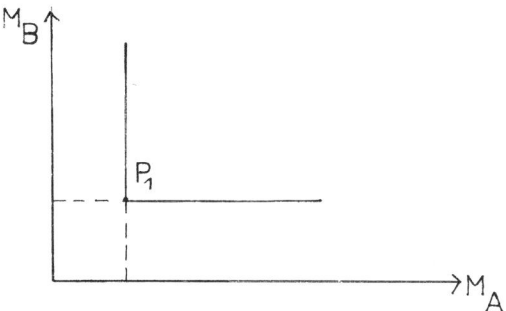

(Sie haben damit die im Rahmen der Leontief-Funktion bzw. linearen Produktionsfunktion übliche Darstellung des sog. Ertragsniveaus gefunden.)

zu 515

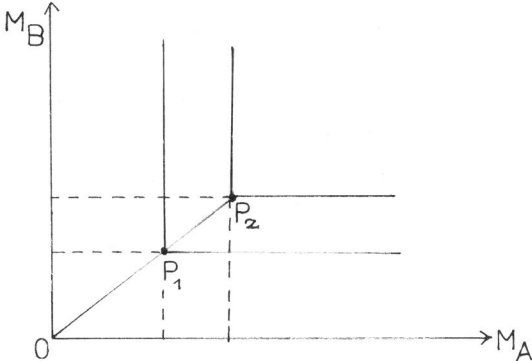

zu 517   Der Ausdehnungspfad verhält sich bei konstanter Faktorproportion linear ansteigend.
(Sie haben damit erkannt, daß der linear ansteigende Ausdehnungspfad die Leontief-Funktion bzw. einen konstanten Grenzertrag und linear ansteigenden Gesamtertrag repräsentiert.)

zu 521   Faktor B
konstante Limitationalität
         5
        10
        15

zu 522

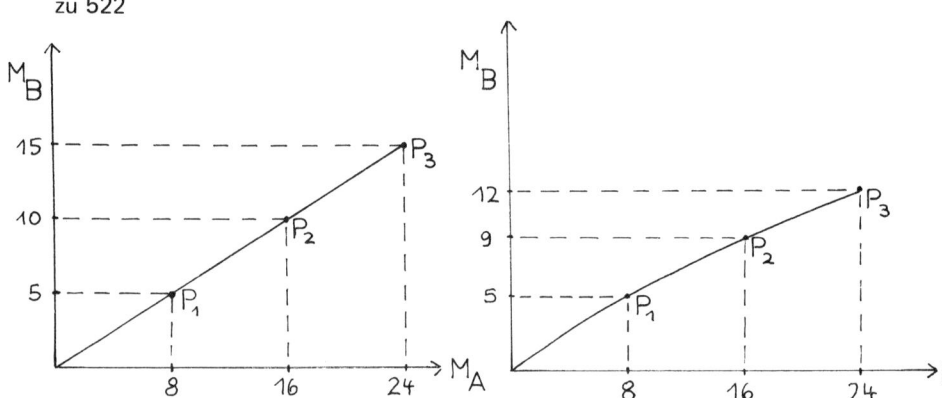

zu 528   200 Leistungseinheiten kann man erstellen
bei P_1 mit nur 4 Einheiten des Faktors B
bei P_2 mit nur 10 Einheiten des Faktors A
bei P_3 mit nur 2 Einheiten des Faktors B und 5 Einheiten des Faktors A.

zu 529   Es besteht kein Ertragsunterschied. Beide Punkte repräsentieren wegen der Indifferenz bzw. Substitution den gleichen Ertrag.

zu 532   Die Menge A *und* die Menge B wurden vermehrt, um den höheren Ertrag des Punktes 3 auf der Indifferenzkurve I_2 zu erzielen.

zu 533   Der höhere Ertrag in P_4 kommt allein durch die Vermehrung des Faktors A zustande.

zu 534   (1) P_1 und P_2 in der Graphik zur Frage 531 beweisen vergleichsweise die Substitutionseigenschaft zu (1) = 526 a.
(2) P_1 und P_4 in der Graphik zur Frage 532 beweisen vergleichsweise die Substitutionseigenschaft zu (2) = 526 b.

zu 536   Im Bereiche zwischen x und y kann eine Substitution von A durch B oder umgekehrt stattfinden.
(Dadurch haben Sie entdeckt, daß die Substitution außerhalb von x und y nicht möglich, also im Ganzen gesehen begrenzt ist.)

zu 537 Eine Ertragsvermehrung von Faktor A über die Menge a hinaus ist bis zur Ertragsmenge, die durch I_2 repräsentiert wird, möglich. Eine weitere Mehrung des Faktors A ist nicht möglich, da Faktor A und Faktor B im Bereiche von I_3 nicht mehr substitutiv sind. (Damit haben Sie die Produktionsfaktoreneigenschaft entdeckt, die dem Ertragsgesetz zu Grunde liegt.)

zu 541 Die fixen Kosten ändern sich, wenn die betriebliche Kapazität vergrößert oder verkleinert wird.

zu 543

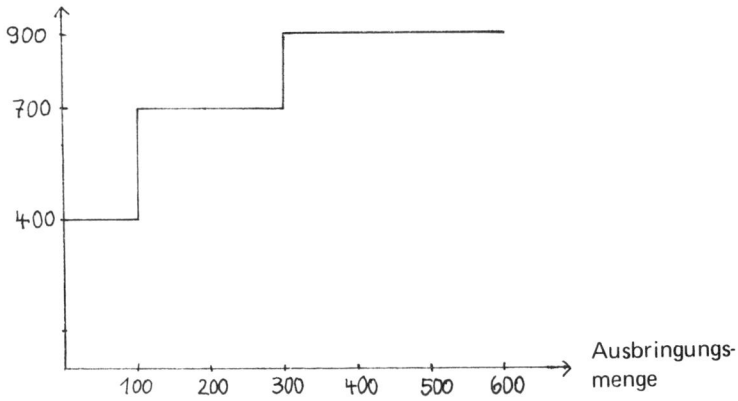

zu 546 Die Leerkosten betragen 30 % von 10.000, –– DM, also 3.000,–– DM.

zu 547 Bei 0 % Beschäftigung sind sämtliche fixen Kosten Leerkosten und die Nutzkosten sind 0. Bei 100 % Beschäftigung sind die Leerkosten 0, weil sämtliche Fixkosten als Nutzkosten gelten.
(Sie haben damit die typische Beziehung zwischen Leer- und Nutzkosten erkannt, die für die betriebliche Kostenrechnung und Wirtschaftlichkeitskontrolle von großer Bedeutung ist.)

zu 549

Ausbringungsmenge	Fixe Kosten pro Stück
1	100
2	50
3	33
4	25

187

zu 554
Stückzahl	variable Kosten
1	5
2	10
3	15
4	20
5	25

zu 555

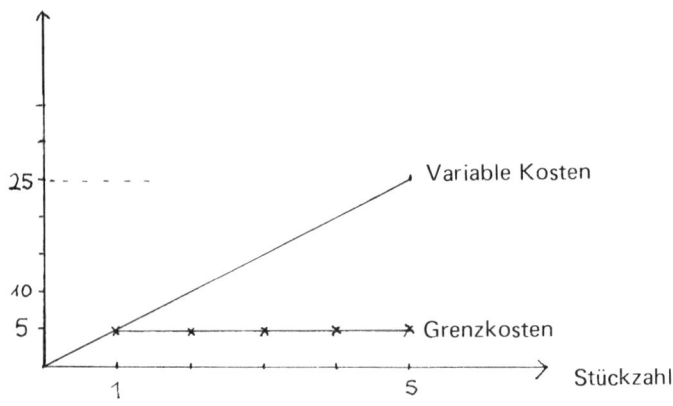

zu 556 Die variablen Kosten steigen linear an.
(Damit haben Sie den Grund für die lineare Kostenfunktion gefunden.)

zu 560 $K = f (M_E)$

zu 562
Stückzahl	variable Stückkosten
1	8
2	8
3	8
4	8

zu 563 Grenzkosten und variable Stückkosten sind zwar nicht begrifflich, aber rechnerisch deckungsgleich, wenn die Grenzkosten konstant sind.

zu 565

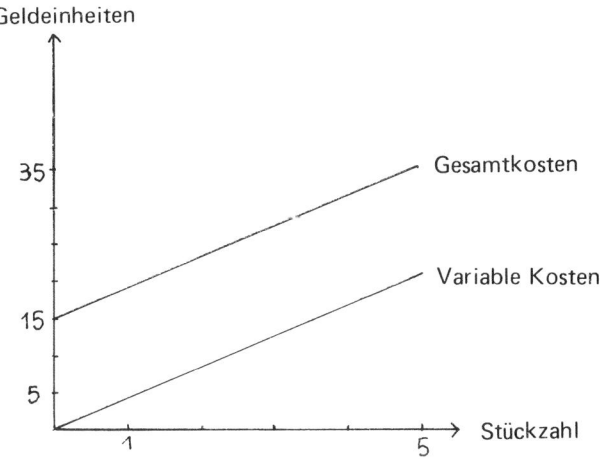

Geldeinheiten

35

15

5

Gesamtkosten

Variable Kosten

1   5   Stückzahl

zu 280* Stückzahl   Durchschnittskosten
         1   15,0
         2   10,0
         3   8,3
         4   7,5
         5   7,0

zu 568   Bei linearer Kostenfunktion (= linearem Anstieg der Gesamtkosten)
         fallen die Durchschnittskosten infolge steigender Ausbringungsmenge.

zu 571   Das Betriebsoptimum ist bei der größten Ausbringungsmenge, also
         bei vollbeschäftigter Kapazität erreicht.

zu 574   Ausbringungsmenge   variable Kosten
         1   5
         2   9
         3   12
         4   17
         5   25

zu 575   Ausbringungsmenge   variable Stückkosten
         1   5,0
         2   4,5
         3   4,0
         4   4,3
         5   5,0

zu 576   Bei u-förmigem Grenzkostenverlauf verhalten sich auch die variablen
Stückkosten u-förmig.

zu 579

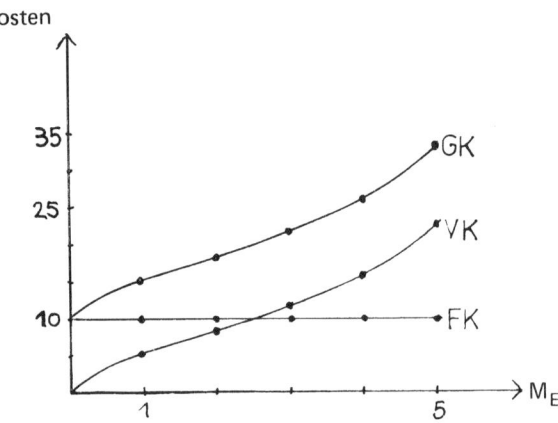

zu 580   Ausbringungsmenge   Durchschnittskosten
         1   15,0
         2   9,5
         3   7,3
         4   6,3
         5   7,0
         6   7,5

zu 581   Sie verlaufen u-förmig (nach oben geöffnete Parabel).

zu 584

Ausbringungs-menge	Variable Kosten	Variable Stück-kosten	Gesamt-kosten	Durchschnitts-kosten
1	8	8,0	28	28,0
2	15	7,5	35	17,5
3	21	7,0	41	13,7
4	28	7,0	48	12,0
5	37	7,4	57	11,4
6	49	8,2	69	11,5
7	65	9,3	85	12,1

(Damit haben Sie die kubisch-parabolische Kostenfunktion vollständig analysiert.)

a)

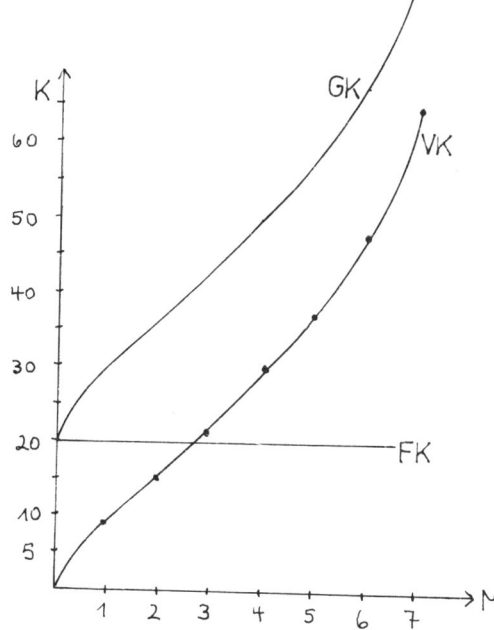

b)

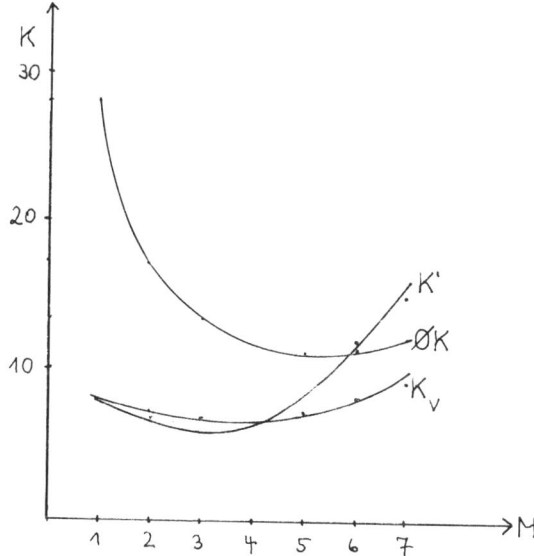

zu 593. Bei beobachtender Marktforschung verfolgt man die Marktdaten und Marktzusammenhänge über längere Zeiträume nach streng wissenschaftlichen Methoden, evtl. entwickelt man aus der Beobachtung heraus neue passende Methoden, um die Zusammenhänge nach Ursache und Wirkung erklären zu können. Die analysierende Markterkundung betrachtet die Zusammensetzdaten (Angebot, Nachfrage, Preis, Konkurrenz u. a.) eines Marktes. In Form von Beschreibungen oder durch statistische Zahlenansammlung werden diese Daten festgehalten. Es handelt sich um die augenblicklich herrschende Situation an dem betreffenden Markt.

zu 594.

Marktforschung   Markterkundung

Marktbeobachtung   Marktanalyse   Marktprognose

zu 602. Motivforschung ist eine Erforschung von Beweggründen. Motivationenforschung ist die Erforschung solcher Faktoren, die fähig sind, Willen zu bestimmen.

zu 606. Vertriebsabteilung.

zu 607. Vertriebsorganisation ist eine Doppelaufführung (Pleonasmus). Der Vertrieb ist bereits die Organisation des Absatzes.

zu 609. Der Absatz ist eine betriebliche *Funktion* (Aufgabe). Der Vertrieb ist die *Organisation* des Absatzes. Der Verkauf ist die *Tätigkeit* des Vertreibens bzw. Umsetzens.

zu 614. Die Absatzplanung ist eine grundlegende und langfristige Fixierung der Absatzaufgaben. Die Absatzdisposition ist die spezielle, konkrete, einzelne Absatzbestimmung von Fall zu Fall.

zu 618. Die Absatzplanung ist ein geistiger Entscheidungsprozeß. Der Absatzplan hält verbal und quantitativ fest, was als Folge der Absatzplanung geschehen soll. Er ist das schriftlich festgehaltene Realisationssoll.

zu 620. Den wahrscheinlich erzielbaren (Gesamt-)Erlös.

zu 621. a) Den Betriebsgewinn als Gesamterlös minus Gesamtkosten.
b) Den Stückgewinn als Stückpreis minus Stückkosten.
c) Die Umsatzrentabilität als Betriebsgewinn in Prozent vom Gesamterlös (Umsatz).

zu 627. Der Absatz-(plan) muß koordiniert werden mit

Produktion (plan)
Beschaffung (plan)
Finanzierung (plan).

zu 662. Salamander-Schuhe, Württembergische Metallwarenfabrik z. B.

zu 666. Hoesch Eisenwarenhandel GmbH, Krupp Kohlenhandel GmbH z. B.

zu 670. Die Vertriebsübersicht kann verloren gehen. Zentralstatistiken werden sich nicht vermeiden lassen, ebenso eine zentrale Kontrolle. Es besteht die Gefahr der mangelnden Koordination. Neben diesen Nachteilen gibt es aber nennenswerte Vorteile, nämlich der laufende Direktkontakt zu den Kunden, das Kennen und Eingehen auf die Kundenwünsche, das persönliche Erscheinen der Kunden, kürzere Liefer- und Anlieferzeiten, schnelleres und leichteres Umtauschen im Falle von Fehllieferungen.

zu 674. Verkaufspersonal, Reisende, Verkaufs- und Vertriebsleiter als persönliche Verkaufsorgane und Verkaufsautomaten als sachliches Verkaufsorgan.

zu 676. Je weniger eigene verkaufsgeschulte Kräfte ein Unternehmen hat, um so weniger das Firmenprodukt schon eingeführt ist und je weniger die eigene Firma bereits bekannt ist, um so mehr verlangt dies nach fremden (bereits bekannten) Verkaufsorganen.

zu 677. Der Erzeuger verkauft mit Hilfe eigener oder fremder Verkaufsorgane (ohne Groß- und Einzelhandel) direkt an die Konsumenten.

zu 680. Je kleiner der Produktionsumfang des Erzeugers, je weniger die Firma und ihre Produkte am Markt bekannt sind und je größer der Prestigehabitus des Erzeugers, um so eher bietet sich ein indirekter Absatzweg an.

zu 682. Wenn man mit der derzeitigen Länge des Absatzweges nicht zurecht kommt, weil wesentliche Funktionen im Absatzbereich unerfüllt bleiben, dann nimmt man eine Handelskettenverlängerung vor. Man belieferte vielleicht bislang als Erzeuger den Einzelhandel. Nunmehr schaltet man noch den Großhandel mit ein.
Eine überlängte Handelskette ist gegeben, wenn in der Handelskette Handelsglieder eingeschlossen sind, die keinerlei (nennenswerte) Handelsfunktion ausüben. Man wird dann gut daran tun, die Kette zu verkürzen und ein Handelsglied auszuschalten.

zu 689. Sortimentspolitik, Konditionenpolitik, Servicepolitik.

zu 693. Mengenrabatt, Treuerabatt, Einführungsrabatt, Übergangsrabatt, Saisonrabatt, Funktionsrabatt (Großhändler erhalten einen anderen Rabatt als Einzelhändler).

zu 696. Die Sortimentsbreite gibt Auskunft über den Sortimentsumfang (Sortenzahl). Dabei ist das eine Extrem das Universalsortiment, wie es bei Waren- und Versandhäusern üblich ist. Das andere Extrem ist das Spezialsortiment, wie es bei Fach- und Spezialhändlern gegeben ist. Die Sortimentstiefe gibt Auskunft darüber, wie das Sortiment pro Sorte gestaffelt ist. Das eine Extrem ist das tiefe Sortiment (von jeder Sorte diverse Qualitäten, Nuancen, Farben, Dimensionen). Das andere Extrem ist das flache Sortiment.

zu 698. a) Auf Lieferungsbedingungen (z. B. verpackungsfrei).
b) Auf Zahlungsbedingungen (z. B. Skonto).
c) Auf Vertriebsbindungen (der Großhändler darf z. B. nicht an Kioske verkaufen).
d) Auf Verkaufsbedingungen (z. B. auch durch Leasing erwerbbar).

zu 700. Erfrischungsraum, Kindergarten, Parkhaus, Rolltreppe, Reparatur-, Instandhaltungs- bzw. Wartungsdienst, Ersatzteillieferung, Wirtschaftsberatung.

zu 748. a) Der Handelsaufschlag beträgt 50 %
Der Handelsabschlag beträgt 33,33 %.
b) Es handelt sich um eine degressive Handelsspanne (Handelsaufschlag):

Bei	500,– DM	250,– DM	= 50 %
Bei	600,– DM	200,– DM	= 33,33 %
Bei	700,– DM	140,– DM	= 20 %

zu 750 a) Hinsichtlich des Ortes: Der Wochenmarkt ist örtlich gebunden bzw. örtlich sichtbar. Der Getreidemarkt ist eine Art statistischer Zusammenfassung. Er hat keinen bestimmten Ort.
(Sie haben damit die Typen des konkreten und abstrakten Marktes gefunden.)
b) Hinsichtlich der Produkttypen: Am Wochenmarkt werden diverse Produkttypen (Eier, Gemüse, Blumen, evtl. sogar Backwaren, Textilien u. v. a. m.) angeboten. Am Getreidemarkt besteht ein durch das Wort eingeengtes Angebot.
(Sie haben damit die Typen des allgemeinen und speziellen Marktes erkannt.)

zu 751 Unbeschränkter Markt bzw. freier Markt.
(Die Antwort ist richtig. In der Literatur wird jedoch meist von einem offenen Markt gesprochen.)

zu 754 Durch Rationierung (z. B. Bezugsscheinsystem).

zu 756 Beschränkter Markt bzw. unfreier Markt.
(Die Antwort ist richtig. Die Literatur nennt ihn jedoch vorwiegend geschlossenen Markt.)

zu 757 Im Falle b).

zu 759 Unvollkommener Markt.

zu 760 Am unvollkommenen Markt. Je unvollkommener der Markt, je autonomer die Preisbildung durch die Anbieter, je höher die Preise zu Lasten der Konsumenten.

zu 762 Die Zahl der Marktteilnehmer kommt in den Eigenschaftserklärungen des vollkommenen Marktes nicht vor.
(Die Antwort ist richtig. Der vollkommene oder unvollkommene Markt gibt Auskunft über die Eigenschaften des Marktes und der Marktteilnehmer. Dagegen schlägt sich die Zahl der Marktteilnehmer in der Marktform, nieder. Der vollkommene Markt ist einer der Markttypen. Die Marktform ist ein Zahlen- und Verhaltensspiegel der Marktteilnehmer.)

zu 766 a) Die Angebotskurve A zeigt, daß bei steigendem Preis P die Angebotsmenge M zunimmt bzw. daß bei fallendem Preis die Angebotsmenge abnimmt.
b) Beim Preis P_1 ist die Angebotsmenge M_1 groß.
c) Beim Preis P_2 ist die Angebotsmenge M_2 groß.

zu 767

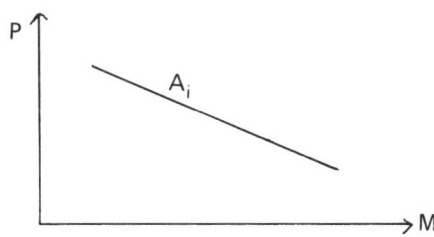

zu 768   Es handelt sich um eine normale Nachfragekurve. Bei fallendem Preis nimmt die Nachfragemenge zu. Zum Preis P_1 gehört die Nachfragemenge M_1. Zum niedrigeren Preis P_2 gehört die größere Nachfragemenge M_2.

zu 770   Das Rechteck $O - M_1 - Q - P_1$ ist die Konsumausgabe der Konsumenten bzw. der Erlös der Anbieter bei einem bestimmten Produkt.

zu 771   a) normal
          b) M_1
          c) M_1
          d) Gleichgewichtspreis

zu 783   a) $\dfrac{10\,\%}{10\,\%} = 1$

          b) $\dfrac{12\,\%}{10\,\%} = 1,2 > 1$

          c) $\dfrac{8\,\%}{10\,\%} = 0,8 < 1$

zu 786 $E = \dfrac{\dfrac{30}{100}}{\dfrac{1}{5}} = \dfrac{0,3}{0,2} = 1,5$

          Es handelt sich um ein überelastisches Angebot.

zu 793

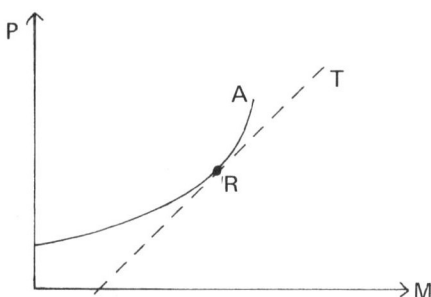

Man lege eine Tangente (T) im Punkte R an die Angebotskurve A. Im Punkte R sind Tangente T und Angebotskurve A gleich, d. h. sie haben die gleiche Steigung. Sähe die Kurve A in allen Punkten so aus wie im Punkte R, dann wäre die Tangente die Angebotskurve. Eine Angebotsgerade, die die x-Achse schneidet, weist in allen Punkten, also auch im Punkt R, den Koeffizienten von kleiner 1 aus.

zu 797

Gesamterlös	Grenzerlös
10	10
20	10
30	10
40	10
50	10

zu 799

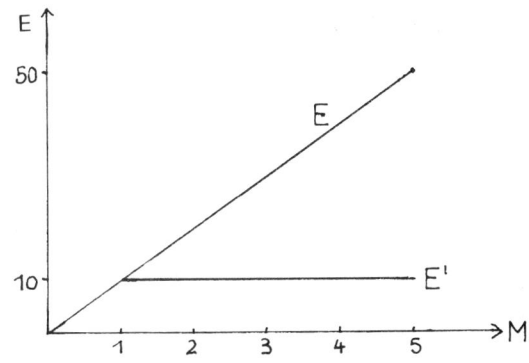

zu 800   Mit dem Stückpreis.

zu 802   Linear ansteigend.

zu 803

Gesamterlös	Grenzerlös
10	10
16	6
18	2
16	-2
10	-6
0	-10

197

zu 804

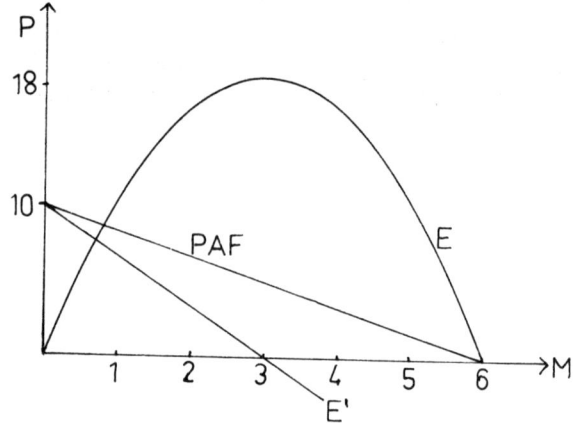

zu 810   Vier Modelle über Gewinnfunktionen.

zu 811

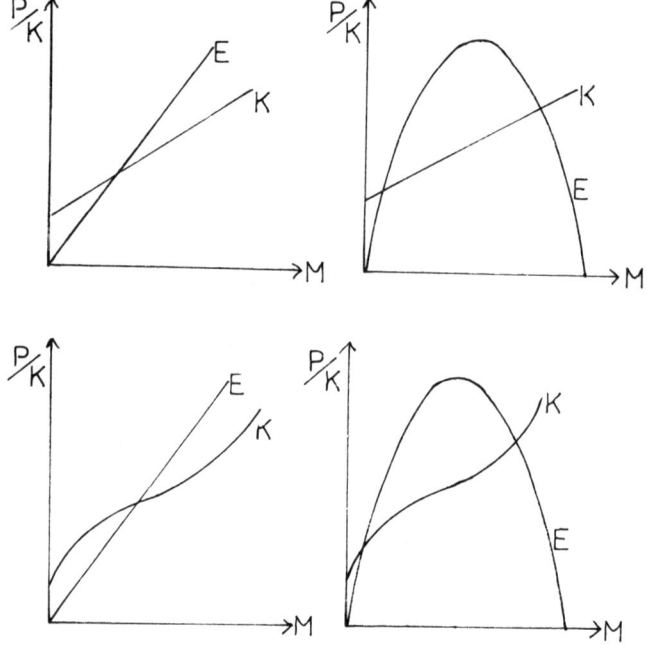

zu 812 Dort wo jeweils der Saldo bzw. Abstand zwischen Gesamterlös (E) und Gesamtkosten (K) am größten ist.

zu 817 Unvollständige Konkurrenz

zu 819 Unvollkommenes Oligopol, hetrogenes Oligopol

zu 821 Wenn Marktform = Zahl ist und Markttyp = Eigenschaften, dann gibt es das Monopol am vollkommenen Markt. Ein Anbieter. Er handelt gewinnmaximal. Seine Nachfrager haben Marktübersicht, Qualitätseinsicht und handeln nutzenmaximal und reagieren (unendlich) schnell.

zu 824 Neben dem einen großen Marktteilnehmer (er besitzt z. B. 80 % des Marktanteils) gibt es noch kleinere Mitläufer (die sich den Rest von 20 % teilen).

zu 827 Eine unendliche —— Preis-Absatz-Funktion.

zu 828 Ein linear ansteigender Erlösverlauf.

zu 830 Der Marktpreis (P) ist ein gegebenes Datum und liegt im entscheidenden Bereich über den Durchschnittskosten. (KD). Das Gewinnmaximum (GM) des Mengenanpassers liegt dort, wo die Grenzkosten (K') mit dem Preis (P) zusammenfallen.

zu 831

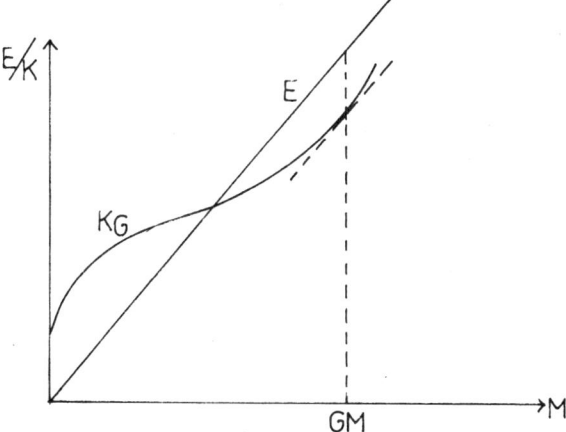

zu 836 Die Nachfragekurve N ist dem Monopolisten durch den Markt als Preis-Absatz-Funktion vorgegeben. Die Grenzerlöskurve E' fällt nach dem Robinson-Amoroso-Beweis doppelt so stark wie N. Das Gewinnmaxi-

mum liegt bei einheitlicher Monopolpreisbildung dort, wo Grenzkosten und Grenzerlös sich schneiden. Der dazu, auf der Nachfragekurve gehörige Punkt C (= Cournot'scher Punkt) zeigt die gewinnmaximale Absatzmenge (M_g) und den monopolistischen Preis (P_m).

zu 833 Eine endliche Preis-Absatz-Funktion.

zu 839 Eine parabelförmige Erlösfunktion.

zu 840

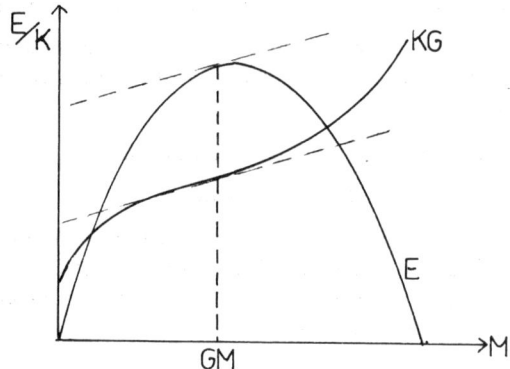

zu 842

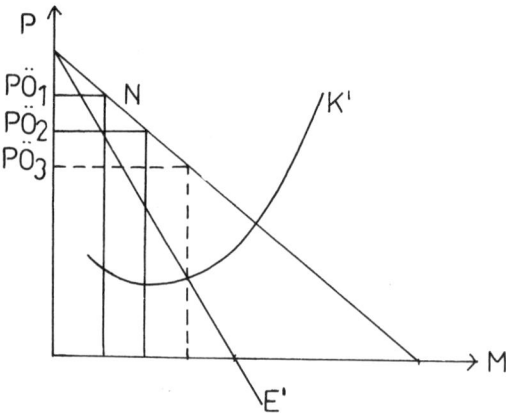

zu 848 $\dfrac{-8\ \%}{+10\ \%} = -0,8.$ Die Nachfrage ist unelastisch. Der Koeffizient ist kleiner eins.

zu 851   Im Punkte E haben die Nachfragekurve N und die Tangente T die gleiche Steigung. Wenn die Nachfragekurve in allen Punkten so aussähe, wie im Punkt E, dann wäre sie mit der Tangente identisch. Wäre aber die Tangente die Nachfragekurve, so liegt E im unteren Teil. Also zeigt der Punkt E auf der Nachfragekurve eine Elastizität von kleiner 1.

zu 852   Der Cournot'sche Punkt liegt im oberen Bereich der Nachfragekurve. Aus der Lehre von der Nachfrageelastizität weiß man, daß eine Nachfragekurve im oberen Bereich (über-)elastisch ist, d. h. den Elastizitätskoeffizienten von größer 1 aufweist. (Man beachte, daß der Cournot'sche Punkt immer links von $E' = O$ liegt, nämlich bei $E' = K'$. Erst bei $E' = O$ ist aber die Nachfragekurve halbiert.)

zu 854   Der Preis P_1 bringt dem Monopolisten mit der Menge M_1 den maximalen Gewinn einer einheitlichen Preisfestsetzung. Darüber hinaus könnte er den Markt spalten (weitere Nachfrager finden, z. B. Studenten oder Arbeitslose). Die Menge $M_2 - M_1$ verkauft zum Preise P_2 bringt ihm, solange der Preis über den Grenzkosten liegt, einen zusätzlichen Gewinn.

zu 857.   Offene (direkte) Subventionen sind Außenfinanzierung.

zu 860.   In Höhe von 16.000,— DM handelt es sich überhaupt nicht um Finanzierung, sondern nur um eine Kapitalumstrukturierung. 2.200,— DM sind ebenfalls keine Finanzierung. Sie sind ein Durchlaufposten. Lediglich 4.000,— DM stellen eine Finanzierung dar. Weil diese aus dem Unternehmungsprozeß heraus entsteht, liegt in dieser Höhe eine Innenfinanzierung vor.

zu 862.   Der Zinsaufwand muß, auch in Krisenzeiten, durch den Absatzpreis (Erlös) erwirtschaftet werden, weil er erneuerungs- bzw. ersatzbedürftige Kosten darstellt. Der Zinsaufwand kann steuerlich abgesetzt werden. Das Fremdkapital muß eines Tages zurückgezahlt werden (Liquiditätsproblem). Die Darlehnsgeber haben nur Anspruch auf den Nennwert ihrer Kredite.

zu 865.   Finanzierung aus Gewinn kostet keinen Zinsaufwand. Auch risikoreiche Investitionen können damit finanziert werden.

zu 866.   Kapitalfehlleitungen, leichtfertige Erweiterung von Unternehmen, spekulative betriebsfremde Betätigung. Das Geld wird relativ leicht ausgegeben und eine exakte Rentabilitätsmessung wird vernachlässigt.

zu 869. Müßte die betreffende Unternhemung die Steuern wie andere Unternehmungen bezahlen, dann läge keine indirekte Subventionierung vor. Dadurch aber, daß sie die Steuerlast eingespart hat, kann sie die betreffenden Geldmittel anderweitig verwenden.

zu 872. 20.000,– DM ist der Freisetzungsbetrag, den man im Beispiel bei gleichbleibenden Anschaffungspreisen für den Kauf von zwei zusätzlichen Anlagegütern verwenden kann.

zu 875. Wenn liquide Mittel vorrätig sind, die weder für die Betriebsbereitschaft noch für die Betriebsdurchführung benötigt werden.

zu 877. Wenn nicht genügend langfristige Mittel vorhanden sind, um die Anlagen zu finanzieren oder nicht genügend kurzfristige Mittel verfügbar sind, um die Produktionsdurchführung zu finanzieren.

zu 881. Ja. Sie ist sogar übererfüllt:

Eigenkapital		Fremdkapital	
Grundkapital	8	Rückstellungen	2
freie Rücklagen	2	Verbindlichkeiten	3
gesetzliche Rücklagen	1	passive Rechnungsabgrenzung	3
	11		8

zu 883. Nein. Die goldene Bilanzregel ist nicht erfüllt, weil das Eigenkapital einschl. Gewinn (18) kleiner ist als das Anlagevermögen (20).

zu 884. Nein, weil das Eigenkapital kleiner ist als das Anlagevermögen.

zu 885. Nein. Wenn das Fremdkapital langfristig genug, d. h. bis zur Amortisation des Anlagevermögens zur Verfügung steht und wenn die erwirtschaftete Rendite größer ist als der für das Fremdkapital zu zahlende Zins, dann ist eine Fremdfinanzierung des Anlagevermögens durchaus richtig und ökonomisch.

zu 887. Die Basisfinanzierung stammt von außen. Von außen fließen die Finanzierungsmittel in die Unternehmung (unterer Pfeil). Die Mittel werden benötigt, um die Leistungsprozesse, nämlich die Beschaffung, die Produktion und den Absatz zu finanzieren. Über den Absatz (Erlös) kommen aber immer wieder die eingesetzten Finanzmittel (Kostenersatz) und neue Finanzmittel (Gewinn) in den Finanzierungskreislauf der Unternehmung.

zu 889. Gehälter der Verkäufer, Expedienten, Reisenden und Kraftfahrer, Reklamekosten, Verpackungs- und Versandkosten, Unterhaltung von Auslieferungslägern.

zu 893. Anschaffungskosten der Anlagen, Reparatur- und Instandhaltungskosten, Arbeitslöhne, Gebäudekosten, Energieverbrauch.

zu 895. a) Man kann kurzfristige Kredite in langfristige verwandeln (z. B. Kontokorrentkredite in Darlehen).

b) Man kann Fremdkapital in Eigenkapital verwandeln z. B. ein bisheriger Gläubiger wird Gesellschafter).

c) Man kann ausschüttungsfähiges Eigenkapital (Gewinne, freie Rücklagen) in nicht ausschüttungsfähiges Kapital (gesetzliche Rücklagen, Grundkapital) verwandeln.

zu 898. Überflüssige Grundstücke, alte nicht mehr genutzte Anlagen, Wertpapiere und Beteiligungen.

zu 899. Transformation und Mobilisation, aber auch die Selbstfinanzierung und die Finanzierung durch Abschreibung sind Finanzierungen ohne neue Kapitalaufnahme.

zu 902. Umsatz 80 dividiert durch durchschnittliches Eigenkapital 20 ergibt die Umschlagshäufigkeit von 4.

zu 905. Ein Viertel, d. h. das Kapital schlägt sich in einem Viertel der Zeit, also in einem viertel Jahr einmal um.

zu 908.

Bewegungsbilanz

AV	+	4	EK	+	2
UV	./.	1	FK	+	1
	+	3		+	3

zu 909. Die Vergrößerung des Gesamtvermögens beträgt 3. Das Anlagevermögen hat sich zwar um 4 vergrößert, jedoch das Umlaufvermögen um 1 verkleinert. Finanziert ist die Vermögenserweiterung durch Eigenkapital von 2 und Fremdkapital von 1.

zu 921. 6 Mill. DM Obligationenkonto an 3 Mill. DM Grundkapitalkonto
und an 3 Mill. DM außerordentl. Ertrag

zu 922. Es entsteht ein Agio (Ausgabegewinn, außerordentlicher Ertrag) von 4 Mill. DM.

zu 925. 400 % · 9 = 3.600 %
300 % · 2 = 600 %

11   4.200 % : 11 = 381,8 %

zu 927. Grundkapitalkonto   an   außerordentl. Ertrag
         2 Mill. DM   2 Mill. DM
         Es handelt sich um einen sog. Sanierungsgewinn, der zugleich ein reiner Buchgewinn ist und damit ein nicht realisierter Gewinn.

zu 933. 300 % · 6 = 1.800 %
         0 % · 2 =   0 %
         _____
         8   1.800 % : 8 = 225 %

zu 943. Vermögen 3,4 Mill. DM minus 1,3 Mill. DM Fremdkapital ergibt den Buchwert von 2,1 Mill. DM.

zu 944. Mit dem buchmäßigen bzw. bilanziellen Eigenkapital.

zu 945. a) Die stillen Reserven betragen 1,1 Mill. DM.
         b) Der neue Wert heißt Teilreproduktionswert. Er wird auch Sach- bzw. Substanzwert genannt. Er beträgt 4,3 Mill. DM Vermögen minus 1,1 Mill. DM Schulden, also 3,2 Mill. DM.

zu 946. Der Gesamtwert der Unternehmung als Börsenwert beträgt:
$$\frac{\text{Grundkapital } 80 \text{ Mill. DM} \cdot \text{Kurs } 250}{100} = 200 \text{ Mill. DM}$$

zu 949. $$\frac{40.000,- \cdot 100}{10} = 400.000,- \text{ DM}$$

zu 954. Nein. Öffentliche Banken geben darüber Auskunft, daß die Öffentliche Hand Eigentümer dieser Banken ist, gleichgültig in welcher Rechtsform sie konstituiert sind. Öffentlich rechtliche Banken zeigen die Rechtsform als Körperschaft des öffentlichen Rechts an.
         Private Banken geben an, daß es sich um private Eigentümer handelt. Auch private Aktionäre sind damit gemeint. Privatrechtliche Banken zeigen an, daß es sich um Banken mit privater Rechtsform (OHG, KG, AG) handelt.

zu 956. a) Bundesbank (Öffentliche Bank, öffentlich-rechtliche Bank)
         b) Investitionskreditbank   (öffentliche Bank, privatrechtliche
            Akt. Ges.   Bank)
         c) Commerzbank A. G.   (private Bank, privatrechtliche
                                        Bank)

zu 962. bB bedeutet: Zu dem bekanntgegebenen Kurs wurde zwar gehandelt, verkauft und gezahlt, es blieb jedoch noch unverkauftes Angebot übrig.
         bG bedeutet: Zu dem betreffenden Kurs wurde gehandelt, verkauft und gezahlt, es blieb jedoch noch unbefriedigte Nachfrage übrig.

zu 984. Wenn der Geldmarktzins steigt, so nimmt je nach dessen vergleichs-
weiser Höhe zum Kapitalmarktzins, das Angebot an Geldmarktkredi-
ten zu. Da die Geldmittel am Kapitalmarkt abnehmen, wird der Zins
dort (auch) steigen. Das größere Angebot am Geldmarkt wird aber das
dortige Steigen bremsen. Evtl. fällt der Zins am Geldmarkt wieder.
Geld- und Kapitalmarktzins verhalten sich zueinander wie kommuni-
zierende Röhren.

zu 990. (1)   9 %
         (2)   13 %
         (3)   6 %

zu 997. a) 6,– DM von   100,– DM = 6 %
         b) 6,– DM bei   300,– DM = 2 %

zu 998. Leasing ist eine besondere Form vom Miete. Langfristige Anlagegüter
werden gemietet, vor allem Maschinen und Gebäude. Leasing ist keine
echte Finanzierungsform, höchstenfalls eine indirekte Finanzierung.
Man erspart die Geldmittel für den Kauf der Anlagegüter.

zu 1000. Beim reinen Inkasso handelt es sich um ein Dienstleistungsgeschäft.
Der Inkasso Betreibende wird nicht Eigentümer der Forderungen. Er
treibt sie lediglich ein und erhält (meist in Form einer prozentualen
Provision) diese Dienstleistung bezahlt. Er geht deshalb auch kein Risiko ein.
Das Factoring ist ein Finanzierungsweg. Der die Forderungen Abtretende erhält das Geld sofort. Der Factor wird Eigentümer der Forderungen und trägt entsprechend das Risiko. Dieses wird meist durch
eine Versicherung abgedeckt. Entsprechend teuer sind die Factoring-
kosten.